# ベターホームの
# チーズ料理
## The cheese cookbook

22種のナチュラルチーズを使ったおいしいレシピ

世界中で親しまれているチーズ。日本のチーズ市場は年々拡大し、その総消費量は34万t*にのぼります。なかでも、フレッシュや白カビ・青カビ、ハードなど、近頃は本格的なナチュラルチーズがぐっと身近になっています。この本でとりあげたナチュラルチーズは22種類。どれもそのまま食べてもおいしいものばかりですが、料理にとり入れることで、さらに奥深いおいしさや新たな魅力が広がりました。それぞれのチーズと出会いながら、ひとつ、ふたつとレパートリーを増やしてお楽しみください。

*農林水産省、2017年度

# CONTENTS

4 この本に出てくるチーズ
10 この本の表記について

## CHAPTER 1

11 **チーズのおつまみとサラダ**

12 フルーツトマトのカプレーゼ
14 フェタとひよこ豆のサラダ
16 マスカルポーネのディップ2種
17 さけ缶とチーズのサラダ菜巻き
18 リヨネーズサラダ
19 じゃがいものチーズ焼き
20 グレープフルーツのマリネ リコッタ添え
21 コンテと雑穀のライスサラダ
22 ゴルゴンゾーラのスクランブルエッグ
23 グリーンとりんごのサラダ ブルーチーズソース
24 スティック・ティロピタ
25 スモークサーモンとフェタのクミンサラダ
26 かぼちゃのクリームチーズサラダ
27 チーズ入りれんこんもち ／ ゴーヤのチーズ炒め
28 青菜のカッテージあえ
29 ひじきのチーズあえ ／ 厚揚げのチーズのせ

## CHAPTER 2

31 **チーズのスープ**

32 オニオングラタンスープ
34 ブルーチーズのポタージュ
36 トマトとマスカルポーネのスープ
37 チキンとコーンのチャウダー
38 新たまねぎのチェダーのせスープ
39 牛肉とモッツァレラのスープ ／ ゴーダとマッシュルームのスープ
40 ねぎと米のパルミジャーノスープ
41 ミニトマトとカマンベールのみそ汁 ／ カッテージの冷や汁

## CHAPTER 3

43 **チーズのメイン料理**

44 ローストビーフ with アリゴ
46 ゴルゴンゾーラソースのハンバーグ
48 豚ヒレと野菜とカマンベールのオーブン焼き
49 ゴーダとれんこんの牛肉包み
50 チーズタッカルビ
51 いわしのソテー トマトチーズソース
52 とり肉と根菜のブリーみそグラタン
53 ビーフシチュー マスカルポーネ添え
54 ささみのチーズクラスト

| 56 | えびとたこのエスカルゴ風 |
|---|---|
| 57 | 3種のチーズフライ |
| 58 | とり肉とコンテのパネソテー |
| 59 | ゴーダの茶わん蒸し |
| 60 | サーモンとほうれんそう、フェタの重ね焼き |
| 61 | 豚肉のチーズロール |
| 62 | たらとカリフラワーのグラタン |
| 63 | チーズかき揚げ |
| 64 | さばのコチュジャンチーズ煮 |
| 65 | ゴルゴンゾーラとかきのフライパン蒸し ／ 豚肉のチーズピカタ |

**CHAPTER 4**

## 67 チーズのパスタ、ピザ etc.

| 68 | ラザニア |
|---|---|
| 70 | タルトフランベ |
| 72 | 3種のチーズのリゾット |
| 74 | ズッキーニのカルボナーラ |
| 75 | なすとシェーヴルチーズのトマトパスタ |
| 76 | ラクレットの焼きドライカレー |
| 77 | チーズ in 手まりずし |
| 78 | ニョッキ ペコリーノのレモンバターソース |
| 80 | トマトとモッツァレラのピザ ／ バジルとマスカルポーネのピザ |
| 82 | ブルーチーズのかぼちゃペンネ |
| 83 | リコッタとミニトマトの冷製パスタ |
| 84 | パルミジャーノあえそば |
| 85 | カマンベールの磯辺焼き ／ ミモレットの焼きおにぎり |

**CHAPTER 5**

## 91 チーズのスイーツ

| 92 | 3種のチーズのベイクドチーズケーキ |
|---|---|
| 94 | リコッタパンケーキ |
| 96 | ポン・デ・ケージョ |
| 97 | クリームチーズ大福 |
| 98 | ゴルゴンゾーラのキッシュ |
| 99 | カッテージのスコーン |
| 100 | マスカルポーネのレアチーズ |
| 101 | ペコリーノ・ロマーノのアイスボックスクッキー |
| 102 | ダブルチーズ蒸しパン |
| 103 | グリュイエールとくるみのリボンパイ |
| 104 | トーストハワイ ／ あんチーズ巻き |

| 106 | チーズの道具と切り方 |
|---|---|
| 108 | チーズの保存方法 |
| 110 | チーズ別さくいん |

*Mini Recipe*

| 30 | チーズ on 野菜 |
|---|---|
| 42 | チーズ in カップスープ |
| 66 | チーズの作りおき |
| 90 | チーズピンチョス |
| 105 | チーズ × フルーツ |

*Party Recipe*

| 86 | チーズフォンデュ |
|---|---|
| 88 | ラクレット |

# この本に出てくるチーズ

## ナチュラルチーズ

牛や山羊、羊の乳を乳酸菌や酵素で発酵させ、水分を除いたもの。原料乳の種類や使用する微生物、加工方法などにより、世界中で数千種類のナチュラルチーズがあるといわれます。下記の7タイプに分類されます。

**原産地名称保護制度**
その地域で伝統的な製法で製造され、地域の風土や歴史を反映した特徴をもっている農産物や食品を保護する制度。フランスの制度が元となり、現在EUでは「PDO」と呼ばれ、取得した製品（ブランド）には右のラベルを貼ることが義務づけられている。
この本では、PDOに該当する製品を含む種類のチーズにラベルをつけている。チーズを購入する際、パッケージにこのラベルがあれば、より本格的な味わいのチーズを楽しめる。

出典：Database of Origin and Registration
（EU、2018年8月現在）

## 【　　フレッシュ　　】

原料の乳に乳酸菌などを加えて固め、水分を除いてできる、熟成させていないチーズです。くせが少なく、さっぱりとした味わいで、菓子作りに使われることも。なるべく新鮮なものを購入し、開封後は早めに食べきります。

### リコッタ
[ Ricotta ]
**原産地**：イタリア
**原材料**：牛乳、水牛乳、羊乳
チーズを作るときに出る水分（ホエー）に乳を加えて加熱し凝固させたもの。その製法から「リコッタ」（イタリア語で「2度煮る」）の名に。ほのかな甘みとさっぱりとした味わいが特徴。
**料理メモ**：はちみつやジャムを添えれば、そのままデザートに。

### マスカルポーネ
[ Mascarpone ]
**原産地**：イタリア
**乳種**：牛
生クリーム（または牛乳と生クリーム）を加熱し、クエン酸や酢酸を加えて固め、水分をきったもの。脂肪分が高くコクがあり、舌ざわりはなめらか。酸味や塩分が少なく、自然な甘みがある。
**料理メモ**：ティラミスに欠かせない。菓子作りに使われるほか、生ハムなど塩気のある食材とも合う。スープに添えて料理のアクセントにも。

### フロマージュ・ブラン
[ Fromage Blanc ]
**原産地**：フランス
**乳種**：牛
牛乳を乳酸発酵させて固め、水分をきったもの。ヨーグルトよりも酸味がなく、生クリームを使っていない分あっさりとして軽い味わい。原産地では離乳食としても食べられる。
**料理メモ**：菓子作りに使われるほか、塩味とも相性がよい。塩、こしょう、オリーブ油で調味してディップにも。

### フェタ
[ Feta ]
**原産地**：ギリシャ
**乳種**：羊、山羊
ギリシャで紀元前8世紀から作られ、世界最古のチーズといわれる。冬から春にかけて出産した羊や山羊の乳を使う。ほぐれやすく、ほろほろとした食感。羊乳ならではの独特な風味がある。
**料理メモ**：塩気が気になる場合は、水や牛乳につけて塩抜きをする。そのままサラダやカレーにトッピングしてもよい。

### クリームチーズ
[ Cream Cheese ]

**原産地**：各国
**乳種**：牛

生クリーム（または牛乳と生クリーム）を加熱し、乳酸発酵させて固めたもの。脂肪分が高くコクがあり、乳酸のやさしい酸味もある。クリーミーな口あたりで、世界中で製造され、食べられている。

**料理メモ**：常温におくとやわらかくなり、ディップやあえものなど活用の幅が広がる。和風食材とも相性がよい。

### モッツァレラ
[ Mozzarella ]

**原産地**：イタリア
**乳種**：牛、水牛

水分（ホエー）をきった凝固物に熱湯をかけて練った繊維状のチーズ。これをちぎって冷やしたのが、「引きちぎる」の意味をもつモッツァレラ。くせはなくさっぱりとした味で、弾力のある食感。加熱すると糸をひくように伸びる。

**料理メモ**：そのままサラダやオードブルに使える。グラタンなどの加熱料理に使うと、異なる表情が楽しめる。

### カッテージ
[ Cottage ]

**原産地**：イギリス、オランダ
**乳種**：牛

脱脂乳や脱脂粉乳に乳酸菌と酵素を加えて凝固させ、水分をきったもの。脱脂乳を使うため脂肪分が低く、くせもないので淡泊でさっぱりとした味わい。

**料理メモ**：そぼろ状になった「粒タイプ（プレーン）」と、菓子作りに向く「裏ごしタイプ」がある（本書では指定がない限り粒タイプを使用）。

[ そのほかのフレッシュ ]

### さけるチーズ

イタリアの「パスタ・フィラータ」という製法で作られるチーズを参考に生まれた、糸状にさくことができるチーズ。組織が繊維のようになっていて、しこしことした歯ざわりが特徴。

---

## 【　　　白カビ　　　】

表面が白いカビに覆われたチーズ。カビが繁殖するときの酵素で、外側から内側に向かって熟成します。クリーミーで口あたりがやさしく、くせが少ないものが多いため、マイルドな味わいです。

### カマンベール
[ Camembert ]

**原産地**：フランス
**乳種**：牛

本家はフランス・ノルマンディ地方の無殺菌乳で作られる「カマンベール・ド・ノルマンディ」。日本では大量生産された殺菌タイプの商品が多く流通し、保存期間が長い。まろやかで穏やかな風味が、日本人に広く受け入れられている。

**料理メモ**：円形からケーキのようにカットして使う。バゲットやフルーツともよく合う。

### ブリー
[ Brie ]

**原産地**：フランス
**乳種**：牛

フランスを代表するチーズ。直径30㎝以上の「ブリー・ド・モー」は、"チーズの王様"として知られる。くせがなくまろやかな舌ざわりで、上品な味わいながらコクも感じられる。円形をケーキのような扇形にカットして売られることが多い。

**料理メモ**：外側と中心では熟成が異なるので、なるべく両方を含むようにカットする。

# 【　　青カビ　　】

チーズの内側にカビを植えつけ、熟成させたもの。一般的に「ブルーチーズ」と呼ばれ、カビも食べられます。比較的塩気が強く、ピリッとした刺激が特徴的。料理のアクセントとしても使いやすいチーズです。

## ゴルゴンゾーラ
[ Gorgonzola ]

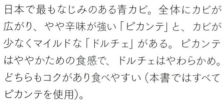

**原産地**：イタリア
**乳種**：牛
日本で最もなじみのある青カビ。全体にカビが広がり、やや辛味が強い「ピカンテ」と、カビが少なくマイルドな「ドルチェ」がある。ピカンテはややかための食感で、ドルチェはやわらかめ。どちらもコクがあり食べやすい（本書ではすべてピカンテを使用）。
**料理メモ**：塩気があるので、甘みのある食材や甘口のワインと合う。加熱すると刺激やくせがやわらぐ。

[ そのほかの青カビ ]

### ロックフォール
フランス・ロックフォール村の洞窟で熟成されるチーズ。青緑色のカビがマーブル模様を描く。塩気と刺激は強いが、羊乳ならではの独特のうま味も感じられる。パスタや肉料理のソースにも。

### スティルトン
イギリスの代表的なブルーチーズ。黄みがかった生地に、中央から放射状に青カビが広がる。塩気はあるが、ねっとりとした口あたりでクリーミー。サラダに散らしたり肉料理に添えたりする。

# 【　　シェーヴル　　】

「シェーヴル」はフランス語で「山羊」。山羊の乳で作られ、独特の風味があります。春に出産した山羊の乳を使うため、春から初夏が旬。熟成したもの、木炭の粉をまぶしたもの、カビをつけたものなど、味わいもさまざま。

## クロタン・ド・シャヴィニョル
[ Crottin de Chavignol ]

**原産地**：フランス
**乳種**：山羊
産地は白ワインの産地で知られるシャヴィニョル。「クロタン」の名の由来は諸説あり、「クロット」と呼ばれるランプか、馬糞という意味も。熟成度によって見た目も味もさまざま。山羊特有のくさみがあるが、食べるとほくっと栗のような食感で、かむとうま味も感じられる。
**料理メモ**：加熱すると山羊くささがやわらぎ、さわやかな酸味で食べやすい。においを吸収しやすいので保存するときは密閉する。

## ヴァランセ
[ Valençay ]

**原産地**：フランス
**乳種**：山羊
ピラミッドの先端を切り落としたような形が特徴的。山羊特有の風味をやわらげ、カビを生やすために、表面に木炭の粉をまぶしている。
**料理メモ**：熟成の浅いものが初心者向き。熟成が進み、皮がかたくなったら皮を除いて食べる。

[ そのほかのシェーヴル ]

### セル・シュール・シェル
シェーヴルの一大産地・パリのロワール地域原産。表面の青黒い粉はポプラの木灰で、熟成が進むにつれてコクとまろやかさが出る。表面がグレーになると食べごろ。同地域のワインと合う。

# 【 ウォッシュ 】

表面を酒や塩水で洗って熟成するチーズ。雑菌から守られ、風味やうま味にかかわる菌が繁殖します。洗う液体や濃度、回数によって、色や香り、味わいが変わります。香りは強いものの、口あたりや味わいは比較的マイルド。

## タレッジョ
[ Taleggio ]

**原産地**：イタリア
**乳種**：牛

イタリア山間部のタレッジョ渓谷の名を冠する、歴史あるチーズ。塩水で洗われているため香りが控えめで、ウォッシュ初心者も食べやすい。もちもちとした食感で、牛乳の上品なうま味も感じられる。
**料理メモ**：溶けやすいので、スープやリゾットなどさまざまな加熱する料理に。加熱すると香りもやわらぐ。

[ そのほかのウォッシュ ]

### モン・ドール

スイスとフランスの国境の山モン・ドールが原産。生産期間、販売期間が限られ、木箱に入れて販売される。ミルクの濃厚な香りとコクが特徴。

### エポワス

ウォッシュの中でもとくに香りが強く個性的。産地であるブルゴーニュのマール酒（ブランデー）で洗って熟成。シワが寄ったオレンジ色の皮は味も独特。クリーミーで、酒の風味と塩味がある。

# 【 セミハード 】

長期間熟成させるチーズの中で、乳を固めてできた凝固物を脱水する際に、加熱せずに圧搾（あっさく）したもの。水分は38〜46％。熟成がゆっくり進むため保存期間が長く、日本でなじみのあるものも多く見られます。

## ゴーダ
[ Gouda ]

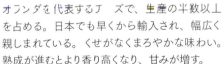

**原産地**：オランダ
**乳種**：牛

オランダを代表するチーズで、生産の半数以上を占める。日本でも早くから輸入され、幅広く親しまれている。くせがなくまろやかな味わい。熟成が進むとより香り高くなり、甘みが増す。
**料理メモ**：サラダやサンドイッチでそのまま食べるほか、ピザやグラタンなど加熱する料理にも。

## ラクレット
[ Raclette ]

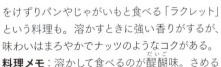

**原産地**：スイス
**乳種**：牛

フランス語の「ラクレ」＝「けずる」という言葉に由来。チーズの断面を加熱し、溶かした部分をけずりパンやじゃがいもと食べる「ラクレット」という料理も。溶かすときに強い香りがするが、味わいはまろやかでナッツのようなコクがある。
**料理メモ**：溶かして食べるのが醍醐（だいご）味。さめると固まりやすいので、熱々の状態で食べる。

[ そのほかのセミハード ]

### サムソー

スイスの技術を得て誕生した、デンマークを代表するチーズ。バターのような甘みと酸味がある。加熱すると風味が増し、よく溶けるのでピザ用チーズとして使われる。

### マリボー

サムソーと同様にデンマークの代表的チーズ。チーズ自体の重みで脱水するので、細かい気孔が入り、きめはやや粗め。風味は穏やかで、加熱するとよく伸びる。

※セミハードとハードは、非加熱・加熱を基準として分類されるケースなど、さまざまな見解があります。

# 【　　　ハード　　　】

長期間熟成させるチーズの中で、凝固物を脱水する際に加熱して圧搾したもの。水分38%以下で、セミハードよりかたくなります。うま味成分であるアミノ酸の結晶ができることも。味の変化が少なく保存性が高いチーズです。

## コンテ
[ Comté ]
**原産地**：フランス
**乳種**：牛

フランスの国民的チーズといわれ、長い歴史とフランス最多の消費量を誇る。豪雪地で長期保存用に作られてきた、直径50〜70㎝、40〜50kgと大きな円形のチーズ。マットな質感で、濃厚なうま味やミルクの香りが感じられる。熟成が進むと甘みが増す。

**料理メモ**：ほくっとした食感や香りを楽しむならそのまま食べる。グラタンなど加熱調理にも。

## ミモレット
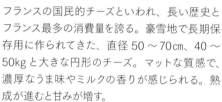
[ Mimolette ]
**原産地**：フランス
**乳種**：牛

フランス語で「ミ・モレ」＝「半分やわらかい」という意味をもつ、鮮やかなオレンジ色が目をひくチーズ。名の通り若いものはやわらかくくせがないが、熟成するにつれて水分が抜けてかたくなり、からすみのような濃厚な味わいに。

**料理メモ**：薄切りや角切りにしてパンやサラダと合わせるほか、すりおろしても。和食や日本酒と相性がよいことでも知られる。

## チェダー
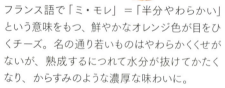
[ Cheddar ]
**原産地**：イギリス
**乳種**：牛

世界で最も生産量の多いチーズ。イギリスのチェダー村が原産で、「チェダリング」という特有の技法があるが、現在は世界中で生産されている。本来の色は淡いクリーム色だが、アナトーという色素で着色した「レッドチェダー」も日本でなじみ深い（本書ではすべてレッドチェダーを使用）。味に違いはなく、穏やかでクリーミーな味わい。

**料理メモ**：くせがないので幅広く使える。熱に溶けやすいので、グラタンやハンバーグにも。

## エダム
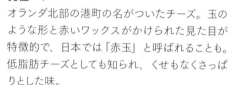
[ Edam ]
**原産地**：オランダ
**乳種**：牛

オランダ北部の港町の名がついたチーズ。玉のような形と赤いワックスがかけられた見た目が特徴的で、日本では「赤玉」と呼ばれることも。低脂肪チーズとしても知られ、くせもなくさっぱりとした味。

**料理メモ**：日本では熟成の進んだかたいものが多いので、すりおろしてパスタやサラダなどに。焼き菓子の生地に加えても美味。

## グリュイエール

[ Gruyère ]
**原産地**：スイス
**乳種**：牛

スイスでは生産量、人気ともにナンバーワン。塩水でふきながら熟成させるため、表皮はかたくザラッと、中はしっとりとした質感。ミルクのコクが塩味と酸味で引き締まり、加熱によって風味が増す。熟成したものは香りとうま味が高まる。

**料理メモ**：けずってチーズフォンデュや、グラタン、スープなど加熱するさまざまな料理に。

## ペコリーノ・ロマーノ
[ Pecorino Romano ]
**原産地**：イタリア
**乳種**：羊

古代ローマ時代から作られてきたというイタリア最古のチーズ。ローマ軍の遠征の際にも用いられ、保存食としての役割があったため、表面に塩をまぶす製法でやや塩気が強い。羊乳ならではの淡い色で、特有の香りと甘みをもつ。

**料理メモ**：料理に使うときはすりおろして粉状に。近年はマイルドなタイプもあるが、塩気の調味には注意を。

## パルミジャーノ・レッジャーノ
[ Parmigiano Reggiano ]

**原産地**：イタリア
**乳種**：牛

イタリア北東部の限られた地域で古くから製造される、イタリアを代表するチーズ。クリーム色でかたく、ざらついた質感が特徴（白い粒はアミノ酸の結晶）。熟成期間は12か月以上。かむほどにうま味が感じられ、熟成による香りも魅力的。

**料理メモ**：おろす、けずる、くだく、それぞれの食べ方で香りや味わいが異なる。保存がきくので保存食として常備しても。

[ そのほかのハード ]

### エメンタール

スイスでは"チーズの王様"と呼ばれる黄色の穴あきチーズ。穴（孔）はチーズを熟成するときに発生する炭酸ガスによるもので、「チーズ・アイ」と呼ばれる。塩分がひかえめで、甘みのあるやさしい味わい。大きいものは100kgを超える巨大チーズ。チーズフォンデュに使われる。

### グラナ・パダーノ

パルミジャーノ・レッジャーノによく似た見た目のイタリアのチーズ。パルミジャーノに比べてやさしい味わいと手ごろな価格で「キッチンのハズバンド」と呼ばれ、ふだん使いのチーズとして多く出回る。しっとりとした舌ざわりで、スライスにも向く。

## プロセスチーズほか

ナチュラルチーズを1種類または数種類混ぜて加熱し、加工したもの。乳酸菌や微生物が死滅しているため、熟成の変化はありませんが、そのぶん品質や味が安定し、保存性にもすぐれています。

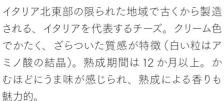

### 6Pチーズ

プロセスチーズの代表格。6P＝円形のものを6つにカットした扇形だが、固形のプロセスチーズとしては角形やブロックタイプなどもある。味はバリエーション豊かで、カマンベール入り、ナッツ入り、スモークなど各種流通。

### スライスチーズ

薄い正方形に加工・成形されたチーズ。パンにのせる、はさむ、巻くなど、調理への使いやすさから家庭でもおなじみ。加熱して溶けるタイプや、チェダーなどチーズの種類が限定されたものも。

### 粉チーズ

ナチュフルチーズをすりおろしたもので、固まりにくく、長期保存できるように加工されている。円筒形のボトルに入ったものが出回っていて、パスタなどにそのままかけられる。

### ピザ用チーズ
（シュレッドタイプ）

使いやすいよう、小さなたんざく状、または糸状にカットされたチーズ。1種類または数種類のチーズをブレンドしたものなどがあり、加熱すると溶ける特性をもつチーズが使われる。

## この本の表記について

- **計量の単位（ml＝cc）**
  大さじ1＝15ml　小さじ1＝5ml

- **フライパン**
  フッ素樹脂加工のフライパンを使用しています。鉄製の場合は、油をやや多めにします。

- **電子レンジ**
  加熱時間は500Wのめやす時間です。600Wなら加熱時間を0.8倍、700Wなら0.7倍にして、ようすを見ながら加熱してください。

- **オーブントースター**
  機種によって熱量が異なります。レシピの加熱時間をめやすに、ようすを見ながら加熱してください。

- **オーブン**
  電気オーブンの温度と加熱時間のめやすです。ガスオーブンの場合は電気より10℃ほど下げます。

- **グリル**
  予熱の要・不要は、取扱説明書に従います。

- **だし・スープの素**
  だしはかつおだしを使います。「固形スープの素」と「スープの素」は、ビーフやチキンなどお好みで。商品によって風味や塩分が異なるので、味をみて調整しましょう。

- **カロリー・塩分**
  日本食品標準成分表（七訂）をもとに、ベターホームの見解を加えて計算しています。ただし、チーズのカロリーと塩分は、同じ名前のものでもメーカーの製法などによって差があります。

- **チーズについて**
  レシピで使用するチーズ以外に、その料理に向いているほかのチーズを青字でおすすめしています。味わいの違いを楽しみたいときに、またはほかのチーズで代用するときに、参考にしてください。

CHAPTER

# チーズの
# おつまみと
# サラダ

野菜や卵、缶詰などと組み合わせ、さっと作れる料理をそろえました。サラダにはフレッシュチーズを中心に。そのほかの料理はさまざまなタイプのチーズと合わせています。おつまみとしてだけでなく、おかず、食事の箸休めとしてもどうぞ。

# フルーツトマトのカプレーゼ

モッツァレラを使った定番の前菜。マリネしておくと味がなじみます。
おもてなしなら、こんな盛りつけはいかが。

*Mozzarella*

### 材料（2人分）

モッツァレラ ── 50g
フルーツトマト ── 2個（160g）
バジル ── 1枝
A | オリーブ油 ── 大さじ2
　| オレガノ（乾燥） ── 少々
　| 塩・こしょう ── 各少々

### 作り方 (10分・冷やす時間は除く)

1. トマトは5mm厚さの輪切りにする。モッツァレラはトマトの大きさに合わせて切り、5mm厚さに切る。

2. トレーやボールにAを合わせてよく混ぜる。1を加えてからめ、冷蔵庫で10分以上冷やす。

3. バジルは葉をつみ、大きければちぎる。飾り用に少々とりおく。器にトマト、モッツァレラ、バジルを順に重ねて盛り、トレーに残った調味液をかける。飾り用のバジルをのせる。

器に盛りつけてから味つけするのではなく、調味液につけてマリネに。10〜20分おくと全体に味がなじむ。

（1人分　180 kcal ／ 塩分　0.3 g）

# フェタとひよこ豆のサラダ

フェタ特有の風味とコクで、あと引くおいしさ。
ひよこ豆は、ゆでたらすぐに味をつけるのがコツ。

*Feta*

**材料**（2人分）

> プロセスチーズ（1cm角に切る）、カッテージ（粒タイプ）に塩少々を加えたもの（各同量）でも。

- フェタ ── 40g
- ひよこ豆（水煮）* ── 50g
- 紫たまねぎ ── 30g
  - 塩 ── 少々
- A
  - 砂糖・塩 ── 各少々
  - 白ワインビネガー ── 小さじ1
  - オリーブ油 ── 大さじ1/2
  - パセリ（みじん切り） ── 小さじ1

＊同量のミックスビーンズやレッドキドニーでも。

**作り方**（15分・塩抜きする時間は除く）

1. フェタは粗くほぐす。味をみて塩気が強い場合は、牛乳（適量・材料外）に20〜30分つけて塩抜きをする。

2. たまねぎはみじん切りにし、塩をふって約5分おき、水気をしぼる。ボールにAを順に合わせ、たまねぎを加えてあえる。

3. 鍋に湯を沸かし、ひよこ豆を入れる。再び沸騰したらざるにとり、水気をきる。熱いうちに2に加え、よくあえる。さます。

4. フェタはペーパータオルで汁気をとり、細かくほぐす。

5. 3にフェタを加えてよく混ぜ、器に盛る。

フェタには、塩気が強いものがある。塩抜きする場合、牛乳につけると水っぽくならない。

ペーパータオルで包んで汁気をとり、そのままペーパーの上から指で細かくほぐすとラク。

（1人分 137 kcal ／ 塩分 1.0 g）

# マスカルポーネのディップ2種

マスカルポーネのソフトな口あたりとコクのある味わいがくせになります。
練り混ぜるのも手軽。

*Mascarpone*

## 材料（2人分）

[ アボカドディップ ]
マスカルポーネ ── 50g
アボカド ── 1/2 個
　レモン汁 ── 小さじ1
　塩 ── 小さじ 1/8
　こしょう ── 少々
　くるみ ── 5g

[ めんたいディップ ]
マスカルポーネ ── 50g
めんたいこ ── 1/2 腹（25g）
A｜レモン汁 ── 小さじ 1/2
　｜しょうゆ ── 小さじ 1/2
ピンクペッパー（飾り用）── 少々

[ スティック野菜＊ ]
セロリ・にんじん・きゅうり
（10cm長さ、1cm角のスティック状に切る）
── 各 50g

＊野菜はお好みで。ほかに、クラッカーやグリッシーニなどでも。

クリームチーズ各 30～40g でも。空気を含ませてしっかり練っておく。

## 作り方（15分）

1. アボカドディップを作る。くるみは粗くきざみ、フライパンで少し色づくまでからいりする。アボカドは皮と種を除き、ざく切りにする。ボールに入れ、レモン汁小さじ1をかけ、フォークでつぶす。

2. 1のボールにマスカルポーネ50gを加えてよく混ぜる。塩で味をととのえ、こしょうをふる。器に盛り、くるみをのせる。

3. めんたいディップを作る。めんたいこは薄皮を除き、ボールに入れてほぐす。

4. 3のボールにマスカルポーネ50gとAを加えてよく混ぜる。器に盛り、ピンクペッパーを飾る。

5. 2、4をスティック野菜に添える。

アボカドを先につぶしてからマスカルポーネを加える。ゴムべらでなじませながら混ぜる。

（ 1人分　265 kcal ／ 塩分　1.4 g ）

## さけ缶とチーズのサラダ菜巻き

マイルドな味わいで親しみやすいゴーダをさけ缶と合わせました。
クリーミーなゴーダに、コリコリとした中骨の食感が楽しい。

*Gouda*

#### 材料（2人分）

- さけの中骨缶詰 ── 1/2 缶（75g）
- ゴーダ ── 30g （同量のプロセスチーズでも。）
- 紫たまねぎ ── 30g
- セロリ ── 30g
- 塩 ── 少々
- A
  - マヨネーズ ── 大さじ 1/2
  - レモン汁 ── 小さじ 1/2
  - しょうゆ・こしょう ── 各少々
- サラダ菜 ── 8枚

#### 作り方（10分）

1. たまねぎは薄切りに、セロリは4cm長さの斜め薄切りにする。合わせて塩をふり、約5分おいて水気をしぼる。ゴーダは7～8mm角に切る。

2. ボールにAを合わせ、**1**とさけの中骨（缶汁をきる）を加えて混ぜる。

3. 器に盛る。サラダ菜を添え、巻きながら食べる。

（ 1人分　120 kcal ／ 塩分　0.9 g ）

# リヨネーズサラダ

フランス・リヨンの代表的なサラダ。原産のシェーヴルをのせて焼いたバゲットが
ポイントです。ボリュームたっぷりなので、ひと皿でランチにも。

*Crottin de Chavignol*

### 材料（2人分）

- リーフレタス ── 50g
- ルッコラ ── 50g
- クロタン・ド・シャヴィニョル ── 40g（同量のカマンベールでも。）
- バゲット（細めのもの。1cm厚さ） ── 4枚
  - オリーブ油 ── 小さじ1
- たまねぎ ── 20g
- ベーコン（かたまり） ── 50g
  - 白ワインビネガー ── 小さじ1/2
- 卵 ── 2個
  - 湯 ── 600㎖
  - 酢 ── 大さじ2

[ドレッシング]
- 粒マスタード ── 大さじ1/2
- 塩 ── 小さじ1/4
- こしょう ── 少々
- 白ワインビネガー ── 小さじ1
- はちみつ ── 小さじ1
- オリーブ油 ── 大さじ1

### 作り方（20分）

1. レタスとルッコラは食べやすい大きさにちぎる。水に放して水気をきり、パリッとさせる。

2. たまねぎは薄切りにする。ベーコンは3cm長さ、1cm角の棒状に切る。合わせてアルミホイルにのせ、オーブントースターで約3分焼く。とり出し、白ワインビネガーをかけてさます。

3. ポーチドエッグを作る。卵は1個ずつ器に割り入れる。鍋に分量の湯を沸かして酢を入れる。弱火にし、卵をそっと湯に入れ、菜箸で卵白をまとめながら約3分ゆでる。ペーパータオルにとってさまし、水気をきる。

4. クロタンは4等分し、バゲットにのせる。アルミホイルの上に並べ、オリーブ油小さじ1をまわしかける。オーブントースターで約3分焼く。

5. ドレッシングの材料は順に合わせてよく混ぜる。皿に 1、2、3、4 を盛り、ドレッシングをかけて食べる。

（ 1人分　353 kcal ／ 塩分　1.8 g ）

# じゃがいものチーズ焼き

個性が強いウォッシュチーズですが、料理に使うと食べやすくなります。
加熱してとろけたタレッジョは、まろやかな味わい。

*Taleggio*

### 材料（2人分）

- じゃがいも ……… 1個（150g）
- 牛乳 ……… 大さじ1
- タレッジョ ……… 50g
- 塩・こしょう・ナツメグ ……… 各少々

↳ ほかのウォッシュチーズや、チェダー（各同量）でも。

### 作り方（15分）

1. じゃがいもは皮をむいて半分に切り、2〜3mm厚さに切る。水にさらして水気をきる。タレッジョは2〜3cm大に切るかちぎる。
2. じゃがいもを耐熱容器に入れ、牛乳をかける。ラップをして電子レンジで3〜4分（500W）加熱する。
3. 2に塩、こしょう、ナツメグをふり、タレッジョをのせる。オーブントースターで軽く焼き色がつくまで焼く。

( 1人分　136 kcal ／ 塩分　0.8 g )

## グレープフルーツのマリネ リコッタ添え

リコッタとフルーツは相性抜群。グレープフルーツの酸味とレタスの苦味に、
リコッタのやさしい甘みがよく合います。

*Ricotta*

### 材料（2人分）

グレープフルーツ ── 1/2 個（150g）
A｜はちみつ ── 大さじ 1/2
　｜白ワイン ── 大さじ 1/2
　｜酢 ── 小さじ 1/2
グリーンリーフ ── 50g
B｜オリーブ油 ── 小さじ 1/2
　｜塩 ── 少々
リコッタ　30g

→ マスカルポーネ 10～15g でも。コクが強いので量は控えめに。

### 作り方（10 分）

1　グレープフルーツは縦半分に切り、皮をむく（薄皮はむかなくてよい）。薄皮ごと5mm幅に切る。ボールにAを合わせ、グレープフルーツを約5分つける。

2　グリーンリーフは洗って水気をきり、食べやすい大きさにちぎる。リーフにBをからめる。

3　器に2を敷き、1を盛って調味液もかけ、リコッタを散らす。

（ 1人分　73　kcal　／　塩分　0.3 g ）

# コンテと雑穀のライスサラダ

チーズで栄養も彩りもプラス。
コンテならではのうま味とコクがかむほどに感じられます。

*Comté*

**材料**（2人分）

- 米 —— 25g
- 雑穀ミックス —— 大さじ2（20g）
- コンテ —— 30g（同量のプロセスチーズでも。）
- きゅうり —— 30g
- パプリカ（赤） —— 20g
- セロリ —— 10g
- オリーブ（黒・種なし） —— 2個
- A
  - 酢 —— 大さじ1
  - 塩 —— 小さじ1/4
  - こしょう —— 少々
  - オリーブ油 —— 大さじ1
  - たまねぎ —— 10g

**作り方**（20分・つける時間は除く）

1. 米は洗い、雑穀ミックスと合わせてかぶるくらいの水に20〜30分つける。水気をきり、たっぷりの湯を沸かし、中火で約15分ゆでる。ざるにとって水気をきる。
2. たまねぎはみじん切りにする。ボールにAを順に合わせて混ぜ、1を温かいうちに加えてあえる。そのままさます。
3. コンテ、きゅうり、パプリカ、セロリ、オリーブは7〜8mm角に切る。
4. 2に3を加えて混ぜ、器に盛る。

（1人分 216 kcal ／ 塩分 0.8 g）

## ゴルゴンゾーラのスクランブルエッグ

定番の卵料理にチーズをプラス。
青カビなら、少し大人の味わいに。

*Gorgonzola*

**材料**（1人分）

卵 ―― 2個
牛乳 ―― 大さじ2
ゴルゴンゾーラ ―― 15g
バター ―― 5g
[ つけ合わせ ]
食パン、ベビーリーフなど

→ 好みに合わせて、小さく切ったモッツァレラ、グリュイエールなどのほか、ピザ用チーズ（各15〜20g）でも。

**作り方**（5分）

1. 卵をときほぐし、牛乳、ゴルゴンゾーラを加える。ゴルゴンゾーラをほぐしながら、菜箸で混ぜる。

2. フライパンに中火でバターを溶かし、**1**を流し入れる。ひと呼吸おいて大きく2、3回混ぜ、固まり始めたら火を止める。余熱で半熟になったら卵を寄せてまとめ、器に盛る。つけ合わせを添える。

（ 1人分　264 kcal ／ 塩分　1.0 g ）

# グリーンとりんごのサラダ ブルーチーズソース

りんごの甘酸っぱさで、ゴルゴンゾーラの塩気と味が引き立ちます。
ワインとともに、おもてなしにも。

*Gorgonzola*

## 材料（2人分）

サニーレタス ——— 60g
たまねぎ ——— 30g
りんご ——— 1/4 個（75g）
[ ソース ]
ゴルゴンゾーラ ——— 20g
マヨネーズ ——— 大さじ1
酢 ——— 大さじ 1/2

ほかの青カビチーズを使う場合、スティルトンは同量、ロックフォールは 10～15g。

## 作り方（10 分）

1 レタスは食べやすい大きさにちぎる。たまねぎは薄切りにする。合わせて水に放して水気をきり、パリッとさせる。りんごは皮つきのまま縦半分に切り、2～3mm厚さのいちょう切りにする。

2 大きめのボールにソースの材料を入れて混ぜる。

3 **1** を **2** に加え、よくあえる。

ゴムべらでゴルゴンゾーラをほぐしながら混ぜる。少し粒が残る程度でOK。

（ 1人分　106 kcal ／ 塩分　0.4 g ）

チーズのおつまみとサラダ

# スティック・ティロピタ

ギリシャのパイ料理を、おつまみ風に作りやすくアレンジしました。
フェタとハーブが好相性。添えのミントは口直しにどうぞ。

*Feta*

### 材料(2人分)

- フェタ ── 50g
- とき卵 ── 1/2個分
- ディル ── 1枝
- こしょう ── 少々
- 春巻きの皮 ── 2枚
- オリーブ油 ── 小さじ3
- ミント ── 適量

→ 同量のカッテージ(粒タイプ)に塩少々を加えたものでも。

### 作り方 (15分・塩抜きする時間は除く)

1. フェタは粗くほぐす。必要なら塩抜きをして汁気をとる (→ p.14)。

2. ディルは葉をつみ、みじん切りにする。春巻きの皮は対角線に沿って半分に切り、三角形にする。

3. ボールにフェタ、とき卵、ディル、こしょうを入れてよく混ぜる。4等分する。

4. 春巻きの皮ひと切れを、長辺を手前にして置き、オリーブ油小さじ1/2を全体に塗る。**3**をのせて両端を折り、細く巻く。4本作る。

5. フライパンにオリーブ油小さじ1を温め、**4**を並べ入れる。皮がパリッとするまで、中火でころがしながら焼く。ペーパータオルにとり出し、余分な油をとる。器に盛り、ミントを添える。

( 1人分 183 kcal / 塩分 1.1 g )

両端の角を少し重ねるようにして合わせ、手前からくるくると巻く。オリーブ油がついているので、巻き終わりはそのままでOK。

## スモークサーモンと
## フェタのクミンサラダ

フェタもクミンも地中海原産。
クミンの香りがアクセントになり、フェタがたっぷり食べられます。

*Feta*

### 材料（2人分）

> 同量のモッツァレラ（好みで塩少々を加える）でも。

- フェタ ── 70g
- スモークサーモン ── 50g
- きゅうり ── 1本
- セロリ ── 1/2本（50g）
- クミンシード ── 小さじ1/2〜1
- A
  - レモン汁 ── 大さじ1
  - しょうゆ ── 小さじ1/2
  - 塩・砂糖 ── 各ひとつまみ
  - オリーブ油 ── 大さじ1

### 作り方（10分・塩抜きする時間は除く）

1. フェタは粗くほぐす。必要なら塩抜きをして汁気をとる（→p.14）。さらにほぐす。
2. フライパンにクミンを入れ、弱火で香りが出るまでからいりする。
3. きゅうりは4cm長さの細めの乱切りにする。セロリは4cm長さの斜め薄切りにする。スモークサーモンは食べやすい大きさに切る。
4. Aは順に合わせる。3を器に盛り、フェタをのせてクミンを散らし、Aをかける。

（ 1人分　219 kcal ／ 塩分　2.5 g ）

# かぼちゃのクリームチーズサラダ

かぼちゃの甘みとクリームチーズのコクで、
子どもにもお年寄りにも喜ばれます。ヨーグルトがかくし味。

*Cream Cheese*

### 材料（2人分）

- かぼちゃ —— 200g
- たまねぎ —— 10g
- クリームチーズ —— 30g
- A
  - プレーンヨーグルト —— 大さじ1
  - マヨネーズ —— 大さじ1/2
  - 塩 —— 少々
- アーモンド（ローストずみ）—— 5g

マスカルポーネ20gでも。

### 作り方（15分）

1. かぼちゃは種とわたを除き、2cm角に切る。たまねぎはみじん切りにする。鍋にかぼちゃを入れて、かぼちゃの半分の高さまで水を加え、ふたをして火にかける。弱めの中火で約5分ゆで、やわらかくなったらふたをとり、ゆで湯を捨てて水分をとばす。火を止め、たまねぎを加えて混ぜる。

2. クリームチーズはほぐすかちぎる。アーモンドは粗くきざむ。

3. Aを合わせ、1とクリームチーズを加えてさっくりと混ぜる。

4. 器に盛り、アーモンドを散らす。

（ 1人分　176 kcal　／　塩分　0.4 g ）

## チーズ入りれんこんもち

とろけたカマンベールとごまの香ばしさが絶妙。

*Camembert*

材料（2人分）

れんこん —— 200g
　かたくり粉 —— 大さじ3
　塩 —— 小さじ1/8
カマンベール —— 50g　←同量のプロセスチーズでも。
桜えび（乾燥） —— 3g
いりごま（白または黒＊） —— 小さじ2
ごま油 —— 小さじ2
香菜（シャンツァイ）（7〜8cm長さに切る） —— 1株（10g）

＊写真は各小さじ1。どちらかだけでもOK。

作り方（20分）

**1** れんこんは皮をむき、すりおろす。カマンベールは8mm大に切る。

**2** ボールにれんこん、かたくり粉、塩を入れてゴムべらでよく混ぜる。カマンベールと桜えびを加えてさっくりと混ぜ、6等分する。

**3** フライパンにごま油を弱火で温め、**2**をスプーンで落とし入れ、ごまをのせる。焼き色がついたら裏返し、ふたをして約3分焼く。

**4** 器に盛り、香菜を添える。好みで酢じょうゆ（適量・材料外）につけても。

（1人分 235 kcal ／ 塩分 1.0 g）

## ゴーヤのチーズ炒め

パルミジャーノがゴーヤのにが味をカバー。

*Parmigiano Reggiano*

材料（2人分）

ゴーヤ —— 1/2本（120g）
　塩 —— 小さじ1/8
とき卵 —— 1個分
ベーコン —— 1枚（20g）
オリーブ油 —— 小さじ1
A｜酒 —— 大さじ1
　｜しょうゆ —— 少々
パルミジャーノ・レッジャーノ —— 15g　←同量の粉チーズでも（**3**で全量を加える）。

作り方（15分）

**1** ゴーヤは縦半分に切り、種とわたを除いて3mm厚さに切る。塩をふって約10分おき、水気をしぼる。ベーコンは5mm幅に切る。パルミジャーノは1/3量を飾り用に薄くけずり、残りはすりおろす。

**2** フライパンにオリーブ油を温め、中火でゴーヤを炒める。しんなりしたらベーコンを加えて約1分炒める。Aを加えてさっと混ぜる。

**3** とき卵を回し入れる。半熟になったら、おろしたパルミジャーノを加えてさっと混ぜる。

**4** 器に盛る。飾り用のパルミジャーノをのせる。

（1人分 137 kcal ／ 塩分 0.6 g）

## 青菜のカッテージあえ

青菜とチーズで栄養豊富。
しょうゆやのりなどの和の味ともよく合います。

Cottage

### 材料（2人分）

- 青菜＊ ── 100g
- しょうゆ ── 小さじ1
- 焼きのり ── 1枚
- カッテージ ── 60g　←同量のリコッタやカッテージ（裏ごしタイプ）でも。
- A｜すりごま（白） ── 大さじ1
  　｜砂糖・塩 ── 各ひとつまみ
  　｜ごま油 ── 小さじ1/2
- けずりかつお ── 小1パック（3g）

＊ほうれんそうや小松菜など。写真はほうれんそうを使用。

### 作り方（10分）

1 青菜はたっぷりの湯でゆでて水にとり、水気をしぼる。しょうゆをかけて再びしぼる（しょうゆ洗い）。3cm長さに切る。のりは1cm大ほどにちぎる。

2 ボールに青菜とのりを入れ、Aを加えてよくあえる。カッテージを加えてさっと混ぜる。

3 器に盛り、けずりかつおをのせる。

（1人分　75　kcal　／　塩分　0.8 g）

## ひじきのチーズあえ

使うチーズによって異なる味わい。

―――――――――― Cottage / String

材料（2人分）

長ひじき（乾燥） ―― 10g
オリーブ油 ―― 小さじ1
赤とうがらし ―― 1/2本
A｜白ワイン ―― 大さじ1
　｜塩 ―― 小さじ1/3
ミニトマト ―― 4個
カッテージまたはさけるチーズ ―― 25g

作り方（10分・ひじきをもどす時間は除く）

1 ひじきは表示どおりにもどし、水気をきって4cm長さに切る。とうがらしは種を除く。

2 フライパンにオリーブ油を温め、1を中火で炒める。油がまわったらAを加え、ふたをして弱火で約3分蒸し煮にする。ふたをとって汁気をとばし、火を止める。とうがらしを除き、さます。

3 ミニトマトは4つ割りにする。さけるチーズの場合は、細くさいて長さを半分に切る。

4 2、ミニトマト、チーズをあえる。

（1人分 48 kcal ／ 塩分 1.3 g）
※カッテージの場合。

## 厚揚げのチーズのせ

ラクレットやグリュイエールが
少し残っていたら、こんな和風のアレンジも。

―――――――――― Raclette

材料（2人分）

厚揚げ ―― 1/2枚（100g）
A｜赤みそ ―― 小さじ1
　｜酒 ―― 小さじ1/2
ラクレット ―― 40g →同量のグリュイエールや溶けるスライスチーズでも。

作り方（15分）

1 厚揚げは熱湯をかけ、油抜きをする。縦半分に切り、7〜8mm幅に切る。ラクレットは薄切りにする。Aは合わせる。

2 耐熱容器に厚揚げを並べ、表面にAを塗る。ラクレットをのせる。

3 2をオーブントースターに入れ、ラクレットが溶けて焼き色がつくまで焼く。

（1人分 146 kcal ／ 塩分 0.8 g）

# Mini Recipe 1 チーズ on 野菜

いつもの野菜にチーズをのせて加熱するだけ。
チーズや野菜の組み合わせをかえて楽しんでみても。

### モッツァレラ on ズッキーニ

材料・作り方◎ズッキーニ1/2本は5mm厚さに切り、塩少々をふって約5分おく。ペーパータオルで水気をふき、モッツァレラ20gを等分にのせる。オリーブ油小さじ1/2をかけ、塩・黒こしょう各少々をふる。オーブントースターで約5分焼く。

### ゴーダ on トマト

材料・作り方◎トマト1個(150g)はへたをとり、横半分に切って塩少々をふる。ゴーダ30gは薄切りにし、トマトに半量ずつのせる。オーブントースターで約5分焼く。パセリのみじん切り少々を飾る。

### ゴルゴンゾーラ on しいたけ

材料・作り方◎しいたけ4枚は軸を除き、ゴルゴンゾーラ20gをくずしてかさの内側に等分にのせる。オーブントースターで約5分焼く。

### クリームチーズ on じゃがいも

材料・作り方◎じゃがいも1個(150g)は皮つきのままよく洗い、ぬれたまま耐熱容器にのせる。ラップをして、電子レンジで約5分(500W)加熱する(途中で上下を返す)。熱いうちに半分に切って塩少々をふり、クリームチーズ20gを半量ずつのせてしょうゆ少々をかける。

※オーブントースターで焼くときは、アルミホイルの上にのせるとよい。

CHAPTER

2

チーズの
スープ

毎日のスープ、ごちそうスープ…。食卓に並ぶとうれしいスープの数々を、さまざまなチーズで彩ります。洋風のスープだけでなく、みそ汁にも。懐の広さに、驚くかもし

# オニオングラタンスープ

たまねぎの甘みが引き立つスープに、グリュイエールのうま味がとろけます。
寒い季節に一度は食べたい定番スープ。

*Gruyère*

## 材料（2人分）

| | |
|---|---|
| たまねぎ | 1個（200g） |
| バター | 10g |
| A　水 | 400ml |
| 　　固形スープの素 | 1個 |
| 　　こしょう | 少々 |
| バゲット（1cm厚さ） | 4枚 |
| グリュイエール | 50g |

同量のエメンタールやピザ用チーズでも。

## 作り方（30分）

1. たまねぎは薄切りにする。耐熱皿に広げて入れ、ラップをして電子レンジで約5分（500W）加熱する。

2. 厚手の鍋にバターを溶かし、**1**を炒める。こげないように強火〜弱火に加減しながら、薄茶色になるまで5〜6分炒める。

3. Aを加え、煮立ったらアクをとり、ふたをして弱火で約10分煮る。

4. グリュイエールは薄切りにする。耐熱容器に**3**を入れ、バゲット、グリュイエールの順にのせる。オーブントースターで約5分、グリュイエールが溶けるまで加熱する。

おいしさの秘密であるあめ色のたまねぎは、初めから炒めると時間がかかってひと苦労。電子レンジで加熱してから炒めれば時間が短縮できる。

（1人分 345 kcal ／ 塩分 1.9 g）

# ブルーチーズのポタージュ

ゴルゴンゾーラのピリリとした風味がアクセントになり、くせになる味。

*Gorgonzola*

## 材料（2人分）

じゃがいも ——— 1個（150g）
たまねぎ ——— 1/4個（50g）
バター ——— 10g
A｜水 ——— 150㎖
　｜スープの素 ——— 小さじ1/4
牛乳 ——— 150㎖
ゴルゴンゾーラ ——— 30g

ほかの青カビチーズでも。ロックフォールは塩気が強いので味をみて量を控えめに。

## 作り方（20分）

1 じゃがいもは薄切りにする。水にさらして水気をきる。たまねぎは薄切りにする。ゴルゴンゾーラは粗くきざむ。

2 鍋にバターを溶かし、たまねぎを中火で炒める。しんなりしたら、じゃがいもを加えてさっと炒める。Aを加えてふたをし、弱火で6〜7分煮る。あら熱をとる。

3 2に牛乳の半量を加えて、なめらかになるまでミキサーにかける。

4 鍋に戻し入れ、残りの牛乳を加えて弱火にかけ、煮立つ直前まで温めて火を止める。ゴルゴンゾーラは青いカビの部分を少量とりおき、残りを鍋に加えて混ぜる。器にそそぎ、とりおいたゴルゴンゾーラを飾る。

（ 1人分 205 kcal ／ 塩分 1.0 g ）

チーズのスープ

## トマトとマスカルポーネのスープ

マスカルポーネがトマトの酸味を包んで、
コクと甘みのあるスープに変化します。

―― Mascarpone

### 材料 (2人分)

たまねぎ ―― 1/4個 (50g)
にんにく ―― 小1片 (5g)
ベーコン (厚切りまたはかたまり) ―― 50g
オリーブ油 ―― 大さじ1/2
A│水 ―― 200mℓ
　│スープの素 ―― 小さじ1/2
　│トマト水煮 (カット) ―― 200g
　│白ワイン ―― 大さじ1
塩・こしょう ―― 各少々
マスカルポーネ ―― 40g
イタリアンパセリ ―― 少々

### 作り方 (15分)

1. たまねぎは薄切り、にんにくはみじん切りにする。ベーコンは5㎜角に切る。

2. 鍋にオリーブ油、にんにく、ベーコンを入れ、弱火で炒める。香りが出たらたまねぎを加え、中火で炒める。

3. たまねぎがしんなりしたらAを加える。煮立ったらアクをとり、ふたをして弱火で約5分煮る。塩で味をととのえ、こしょうをふる。

4. 器にスープをそそぎ、マスカルポーネをスプーンでのせる。パセリの葉をつんで散らす。

( 1人分　230 kcal ／ 塩分　1.3 g )

## チキンとコーンのチャウダー

タレッジョの独特の風味が野菜のやさしい甘みに意外なほどマッチ。
少量残ったタレッジョがあればぜひ試して。

*Taleggio*

### 材料(2人分)

- とりもも肉 —— 100g
- じゃがいも —— 1/2個(80g)
- たまねぎ —— 1/4個(50g)
- にんじん —— 20g
- コーン(ホール) —— 60g
- グリンピース(冷凍) —— 15g
- バター —— 5g
- 薄力粉 —— 大さじ1/2
- A
  - 水 —— 150㎖
  - スープの素 —— 小さじ1/2
  - こしょう —— 少々
- 牛乳 —— 100㎖
- タレッジョ —— 40g  ← 同量のカマンベールでも。

### 作り方(20分)

1 じゃがいもは1.5㎝角に切り、水にさらして水気をきる。たまねぎ、にんじんは7〜8㎜角に切る。

2 タレッジョは1〜2㎝大に切るかちぎる。とり肉は2㎝角に切る。

3 鍋にバターを溶かし、中火で肉と1を炒める。肉の色が変わり、たまねぎが透き通ってきたら弱火にし、薄力粉を加えて約1分炒める。

4 コーン、Aを加え、煮立ったらアクをとる。ふたをして弱火で7〜8分煮る。牛乳とグリンピースを加え、温まったらタレッジョを加えて溶かす。クラッカーやクルトン(材料外)を散らしても。

(1人分 299 kcal / 塩分 1.4g)

チーズのスープ

37

# 新たまねぎのチェダーのせスープ

新たまねぎの甘みを味わうスープ。味も見た目も、チェダーが引き立てます。

*Cheddar*

### 材料 (2人分)

- 新たまねぎ ── 小2個 (200g)
- ベーコン ── 1枚 (20g)
- チェダー ── 30g  　→ 同量のゴーダでも。
- パセリ ── 1枝
- A │ 水 ── 200mℓ
  　│ 固形スープの素 ── 1個
  　│ 白ワイン ── 大さじ1
- 塩・こしょう ── 各少々

熱いスープをかけるとチェダーがやわらかくなってたまねぎに被さる。食卓ではナイフとフォークを添えて。

### 作り方 (20分)

1. たまねぎは上下に約1cm深さの十字の切りこみを入れる。1個ずつラップに包み、耐熱皿にのせて電子レンジで4〜5分 (500W)、たまねぎがやわらかくなるまで加熱する。

2. パセリは葉をみじん切りにし、軸はとりおく。チェダーは8〜10cm長さ、1cm幅、2mm厚さに切り、ベーコンは1cm幅に切る。

3. 鍋に1、A、ベーコン、パセリの軸を入れて火にかける。煮立ったら弱火にし、ふたをして約10分煮る。塩で味をととのえ、こしょうをふる。パセリの軸は除く。

4. 器にたまねぎを盛り、チェダーをのせる。スープをひと煮立ちさせ、たまねぎの上から静かにかける。パセリのみじん切りを散らす。

( 1人分 146 kcal ／ 塩分 1.6 g )

## 牛肉とモッツァレラのスープ

モッツァレラを具としてとり入れました。
食感も楽しんで。

*Mozzarella*

### 材料（2人分）

牛切り落とし肉 ── 50g
A｜にんにく（すりおろす） ── 少々
　｜しょうゆ ── 小さじ1
　｜かたくり粉 ── 小さじ1/2
だいこん ── 100g
クレソン（葉と茎に分ける） ── 1/2束（20g）
モッツァレラ（1cm角に切る） ── 30g
だし ── 350㎖
粗びき黒こしょう ── 適量

### 作り方（20分）

1. だいこんは皮つきのまま3㎜厚さのいちょう切りに、クレソンは茎を4㎝長さに切る。牛肉は食べやすく切り、Aをもみこむ。

2. 鍋に、だしとだいこんを入れて火にかけ、煮立ったらふたをして弱火で約10分煮る。肉にかたくり粉をまぶして鍋に加え、再び煮立ったらアクをとる。

3. クレソンの茎を加え、火を止める。器に盛り、モッツァレラとクレソンの葉を加えて黒こしょうをふる。

（1人分 143 kcal ／ 塩分 0.8 g）

## ゴーダと
## マッシュルームのスープ

マッシュルームに
とろけたゴーダをからめながらどうぞ。

*Gouda*

### 材料（2人分）

マッシュルーム* ── 4～5個（100g）
たまねぎ ── 1/4個（50g）
バター ── 5g
A｜水 ── 300㎖　　同量のサムソーやマリボー、
　｜スープの素 ── 小さじ1/2　グリュイエールなどでも。
　｜塩・こしょう ── 各少々
ゴーダ ── 60g

*ブラウンを使うと風味が増す。

### 作り方（15分）

1. たまねぎはみじん切りにする。マッシュルームは2個を薄切りにし、残りは粗みじんに切る。ゴーダは2～3㎝大の薄切りにする。

2. 鍋にバターを溶かし、中火でたまねぎを炒める。しんなりしたらマッシュルーム全部を加え、2～3分炒める。Aを加え、煮立ったらアクをとり、ふたをして弱火で約5分煮る。

3. 火を止め、ゴーダを加えてひと混ぜする。器に盛り、混ぜながら食べる。

（1人分 148 kcal ／ 塩分 1.5 g）

チーズのスープ

# ねぎと米のパルミジャーノスープ

リゾットのような、食べるスープ。
パルミジャーノのうま味が口に広がります。

*Parmigiano Reggiano*

## 材料（2人分）

- ねぎ（太めのもの） ── 1本（120g）
- 米 ── 大さじ1
- バター ── 10g
- A
  - 水 ── 300㎖
  - 白ワイン ── 50㎖
  - 固形スープの素 ── 1個
  - ローリエ ── 1枚
- パルミジャーノ・レッジャーノ ── 20g
- 塩・こしょう ── 各少々

同量の粉チーズでも。
4で全量を加える。

## 作り方（30分）

1 ねぎは緑の部分を除き、小口切りにする。パルミジャーノは飾り用に少々を薄くけずってとりおき、残りはすりおろす。

2 鍋にバターを入れて中火にかけ、溶け始めたらねぎを入れて炒める。ねぎがしんなりしたら米（洗わない）を加え、さっと炒める。

3 Aを加える。煮立ったら弱火にし、ふたをして約20分煮る。

4 おろしたパルミジャーノを加えて混ぜ、塩で味をととのえる。こしょうをふる。器に盛り、飾り用のパルミジャーノをのせる。

( 1人分　118 kcal　／　塩分　1.4 g )

## ミニトマトと
## カマンベールのみそ汁

相性のよいカマンベールとみそを、
煮干しだしが引き立てます。

*Camembert*

材料（2人分）

| カマンベール ── 50g
| ミニトマト ── 8個
| 水 ── 400ml
| 煮干し ── 12g
| みそ ── 大さじ1（16g）
| みょうが ── 1個

作り方（10分）

1 煮干しは頭とはらわたをとり、分量の水と一緒に鍋に入れて弱火にかける。煮立ったらアクをとり、約3分煮る。ざるでこす（煮干しだし）。

2 ミニトマトは横半分に切る。みょうがは縦半分に切り、薄切りにする。カマンベールは4等分する。

3 煮干しだしとミニトマトを鍋に入れて火にかける。煮立ったら弱火にし、約1分煮る。みょうがを加え、みそを溶き入れて火を止める。

4 器にカマンベールを入れ、**3**をそそぐ。

（1人分 111 kcal ／ 塩分 1.7 g）

## カッテージの冷や汁

カッテージなら、あっさりとした味わいを
邪魔せずにうま味をプラスできます。

*Cottage*

材料（2人分）

| ツナ缶詰（水煮） ── 小1缶（70g）
| すりごま（白） ── 小さじ2
| みそ ── 大さじ1（16g）
| きゅうり ── 1/2本
| 塩 ── 小さじ1/8
| しその葉 ── 5枚
| 塩こんぶ ── 4g
| カッテージ ── 40g
| 冷水 ── 300ml

作り方（15分）

1 ボールにツナ（缶汁をきる）、すりごま、みそを合わせてさっと混ぜる。アルミホイルに広げ、オーブントースターで約5分、薄く焼き色がつくまで加熱する。

2 きゅうりは小口切りにし、塩をまぶして約5分おく。水気をしぼる。しそはせん切りにし、水にさらして水気をきる。

3 器に**1**、きゅうり、塩こんぶ、カッテージを入れて、冷水をそそぐ。しそをのせる。

（1人分 80 kcal ／ 塩分 1.9 g）

## Mini Recipe 2
# チーズ in カップスープ

火を使わずに、レンジでチン！で作ります。チーズを加えればうま味も栄養価もプラス。

**チーズとかにかまの中華スープ**

材料・作り方◎レタス 30g は細切りに、さけるチーズ 20g は 7〜8mm 厚さの輪切りにする。かにかまぼこ 1本 はほぐす。耐熱カップにレタス、かにかま、チーズ、湯 150ml、中華スープの素小さじ 1/2 を入れ、ラップをせずに電子レンジで約 1分 (500W) 加熱する。よく混ぜてごま油少々をたらす。

**チーズたっぷりトマトスープ**

材料・作り方◎キャベツ 30g、ハム 1枚は 1cm 角に切る。パルミジャーノ・レッジャーノ 10g はすりおろす。耐熱カップにキャベツ、ハム、トマトジュース（無塩）1パック（190〜200ml）、スープの素小さじ 1/4、砂糖少々を入れ、ラップをして電子レンジで約 3分（500W）加熱する。よく混ぜてパルミジャーノをのせる。

**カマンベールのミルクみそ汁**

材料・作り方◎カマンベール 20g は 4つに切る。耐熱カップに牛乳 150ml、小町麸 3個、みそ 5g、カマンベールを入れ、ラップをせずに電子レンジで約 3分（500W）加熱する（吹きこぼれに注意）。よく混ぜてみそを溶かす。

※材料はすべて 1人分。

# CHAPTER 3

## チーズの
## メイン料理

アリゴやグラタンなど、チーズが欠かせないものから、チーズをプラスすることで新しいおいしさを発見する料理まで。みんなで食卓を囲んでください。ソースにしたり衣にしたりと、チーズの使い方もさまざま。料理の幅も広がります。

# ローストビーフ with アリゴ

アリゴはマッシュポテトをチーズと練り上げた、フランス・オーブラック地方の名物料理。
本来は「トム・フレッシュ」というチーズを使いますが、手に入れやすいモッツァレラで作ります。

*Mozzarella*

## 材料（2人分）

[ ローストビーフ ]
- 牛もも肉（かたまり） 200g
- 塩 小さじ1/4
- こしょう 少々
- サラダ油 小さじ1
- 白ワイン 大さじ1
- A | しょうゆ 小さじ1/2
    | 塩 少々

[ アリゴ ]
- じゃがいも 1個（150g）
- にんにく 小1片（5g）
- バター 10g
- モッツァレラ 80g （同量のグリュイエールやピザ用チーズでも。）
- 生クリーム 大さじ2
- 塩・こしょう 各少々

[ つけ合わせ ]
- ブロッコリー（小房に分けてゆでる） 100g
- ミニトマト 4個

## 作り方（40分）

1. ローストビーフを作る。牛肉は室温にもどし、塩小さじ1/4、こしょう少々をもみこむ。

2. 深めのフライパンに油を温め、肉を入れて強めの中火で全面に焼き色をつける（脂が多ければふきとる）。白ワインを加えてふたをし、弱火で5〜6分蒸し焼きにする。途中で上下を返す。火を止め、そのまま約10分おく。

3. 肉をとり出し、煮汁にAを加えて混ぜる（ソース）。

4. 肉は薄切りにし、器に盛る。ブロッコリー、ミニトマトを添える。

5. アリゴを作る。じゃがいもは1.5cm角に切り、水にさらして水気をきる。鍋にいもとひたひたの水を入れ、ふたをして中火で7〜8分ゆでる。水分をとばしてマッシャーやフォークでつぶす（マッシュポテト＊）。

6. モッツァレラは5mm角に切り、にんにくはすりおろす。

7. 鍋またはフライパンに、バターとにんにくを入れて弱火にかける。香りが出たらマッシュポテトを加え、なじませながら約1分温める。モッツァレラを加え、全体をよく混ぜる。生クリームを加えて、練るようにして混ぜる。塩・こしょう各少々をふる（アリゴ）。

8. 4の肉にソースをかけ、アリゴをかける。

＊粉末のマッシュポテトを利用すれば、より手軽に作れる。

フライパンでマッシュポテトを温めてからモッツァレラを広げ入れると、ポテトとモッツァレラがよくなじむ。

生クリームを加えて練り、全体がなじんで伸びるようになったら火を止める。加熱しすぎるとかたくなるので注意。

（1人分 430 kcal ／ 塩分 1.7 g）

# ゴルゴンゾーラソースのハンバーグ

ゴルゴンゾーラのカビと塩気がきいたソースで、
ハンバーグがいつもとちがう大人の味に。

*Gorgonzola*

## 材料（2人分）

| | | |
|---|---|---|
| 合いびき肉 | | 180g |
| たまねぎ | | 1/2 個（100g） |
| バター | | 5g |
| **A** | パン粉 | 10g |
| | とき卵 | 1/2 個分 |
| | 牛乳 | 大さじ1 |
| | 塩 | 小さじ1/6 |
| | こしょう・ナツメグ | 各少々 |
| サラダ油 | | 大さじ1/2 |
| クレソン | | 2枚 |

### ［ ソース ］

| | |
|---|---|
| ゴルゴンゾーラ | 20g |
| 生クリーム | 大さじ3 |
| 白ワイン | 大さじ1 |

ほかの青カビチーズでも。ロックフォールなら量を控えめに。

## 作り方（25分）

**1** たまねぎはみじん切りにする。フライパンにバターを溶かし、たまねぎを入れて薄く色づくまで中火で炒める。さます。

**2** ボールにひき肉、**1**、**A**を合わせ、ねばりが出るまで混ぜて2等分する。手のひらに打ちつけるようにして空気を抜き、だ円形にととのえ、中央をくぼませる。

**3** フライパンに油を温め、**2**を中火で焼く。焼き色がついたら裏返し、ふたをして弱火で約8分焼く（ハンバーグ）。器に盛り、クレソンを添える。

**4** 小鍋にソースの材料を入れて弱火で温める。ゴルゴンゾーラが溶け、少しとろみがつくまで混ぜながら加熱する。ハンバーグにかける。

（ 1人分 438 kcal ／ 塩分 1.0 g ）

チーズのメイン料理

# 豚ヒレと野菜とカマンベールのオーブン焼き

肉と野菜はシンプルな味つけ。
とろけたカマンベールをからめてめしあがれ。

*Camembert*

## 材料（2人分）

- 豚ヒレ肉 ── 150g
  - 塩・こしょう ── 各少々
- サラダ油 ── 小さじ1
- トマト ── 中1個（150g）
- たまねぎ ── 1/2個（100g）
- ズッキーニ ── 1/2本（75g）
- A｜塩 ── 小さじ1/4
  ｜ミックスハーブ（乾燥）＊
  ｜── 小さじ1/2
- オリーブ油 ── 大さじ1
- カマンベール ── 100g

＊「エルブドプロヴァンス」などの名前で書かれることもある。

## 作り方（40分）

1 トマトは縦半分に切り、横に1cm幅に切る。たまねぎは横7～8mm幅に切る。ズッキーニは7～8mm厚さの斜め切りにする。カマンベールは12等分の放射状に切る。

2 豚肉は1cm厚さに切り、塩、こしょう各少々をふる。フライパンにサラダ油を温め、中火で焼き色がつくまで両面を焼く。

3 耐熱容器にたまねぎを広げ入れ、その上にトマト、ズッキーニ、肉を交互に並べる。ところどころにカマンベールをはさみ、Aをふってオリーブ油を回しかける。

4 200℃に予熱したオーブンで約20分焼く。

（ 1人分　369 kcal　／　塩分　2.0 g ）

# ゴーダとれんこんの牛肉包み

ゴーダとれんこんで満足感のある一品。
一緒に焼く野菜のソースを添えて味わいます。おもてなしのひと皿にも。

*Gouda*

### 材料（2人分）

牛もも肉（薄切り） ── 100g
れんこん* ── 60g
ゴーダ ── 60g
　（溶けるスライスチーズを重ねて使っても。）
　塩・こしょう ── 各少々
　薄力粉 ── 小さじ1
オリーブ油 ── 大さじ1/2
白ワイン ── 大さじ2
ロメインレタス ── 2枚
［ソース］
A｜たまねぎ ── 1/4個（60g）
　｜ミニトマト ── 4個
　｜オリーブ（緑・種なし） ── 4個

＊直径6cm程度のもの。

牛肉は小さいものなら何枚かを重ね合わせながら広げ、肉をたたむようにしてゴーダとれんこんを丸ごと包む。

### 作り方（20分）

1 たまねぎは1cm角に切る。ミニトマトは4等分の輪切りに、オリーブは薄切りにする。レタスは水にさらして水気をきり、食べやすい大きさにちぎる。

2 れんこんは皮をむき、1.5cm厚さの輪切り2枚にする。ラップで包み電子レンジで約2分30秒（500W）加熱する。ゴーダはれんこんの大きさに合わせて切る。

3 牛肉は2等分して広げ、中央にゴーダ、れんこんを半量ずつ順にのせる。肉をたたむようにして包み、上下を返す（ゴーダが上面になる）。塩、こしょうをふり、薄力粉をまぶす。

4 フライパンにオリーブ油を温め、Aを中火で炒める（ソース）。しんなりしたらフライパンの端に寄せ、あいたところで3を上面（ゴーダ側）から焼く。肉の色が変わったら上下を返して焼き、続けて側面も焼く。

5 白ワインを加え、煮立ったらふたをして弱火で約3分蒸し焼きにする。

6 牛肉包みを皿に盛り、ソースとレタスを添える。

（1人分 296 kcal ／ 塩分 1.0 g）

# チーズタッカルビ

ピリ辛味のとり肉や野菜に、とろけたチーズをからめて食べる話題の味。
家庭で食べやすいようフライパンで下ごしらえをして、1人分ずつ仕上げました。

*Mozzarella / Cheddar*

## 材料（2人分）

| | |
|---|---|
| とりもも肉（骨つき・ぶつ切り） | 300g |
| A 砂糖 | 小さじ1 |
| すりごま（白）・粉とうがらし | 各大さじ1/2 |
| しょうゆ・酒 | 各大さじ1 |
| コチュジャン | 大さじ2 |
| しょうが（すりおろす） | 小1かけ（5g） |
| にんにく（すりおろす） | 小1片（5g） |
| キャベツ | 200g |
| たまねぎ | 1/4個（50g） |
| さつまいも | 50g |
| トッポギ＊ | 6個 |
| ごま油 | 小さじ1 |
| コチュジャン | 大さじ1/2 |
| モッツァレラ | 50g |
| チェダー | 50g |

2種類使うとより濃厚だが、1種類でも作れる。ピザ用チーズでも。

＊韓国のもち。小さな棒状のもの。

## 作り方（40分）

1. Aを合わせてとり肉にもみこみ、10分以上おく。トッポギは約10分水につけて水気をきる。チーズ2種は粗くきざむ。

2. キャベツは4cm大のざく切りに、たまねぎは1cm幅に切る。さつまいもは皮つきのまま8mm厚さの半月切りにし、水にさらして水気をきる。

3. フライパンにごま油を温め、キャベツ、たまねぎを入れて中火で炒める。油がまわったらさつまいも、トッポギ、肉を調味液ごと加えて全体を混ぜる。ふたをして弱めの中火で約15分蒸し煮にする。火を止めてコチュジャン大さじ1/2を加えて混ぜる。

4. 耐熱容器2つに**3**を入れ、中央を少しあけてチーズ2種を入れる。200℃に予熱したオーブンで約8分、チーズが溶けるまで加熱する。

（1人分 605 kcal ／ 塩分 2.9 g）

## いわしのソテー トマトチーズソース

そのまま食べると少し塩気が強いペコリーノ・ロマーノ。
ソースに加えればコクをプラスし、トマトの甘みを引き立たせます。

*Pecorino Romano*

### 材料（2人分）

- いわし ── 中2尾（200g）
  - 塩・こしょう ── 各少々
  - 薄力粉 ── 大さじ1
- オリーブ油 ── 大さじ1/2
- （飾り用）タイム ── 2枝

[ ソース ]
- トマト ── 1/4個（50g）
- たまねぎ ── 15g
- ケッパー ── 大さじ1/2（5g）
- ペコリーノ・ロマーノ ── 10g
- オリーブ油 ── 大さじ1/2
- タイム（葉をつみ、みじん切り） ── 1枝

↓ パルミジャーノ・レッジャーノまたは粉チーズ15gでも。塩気がたりなければ塩少々で調味。

### 作り方（20分）

1. トマトは1cm角に切る。たまねぎはみじん切りにする。ケッパーは粗みじんに切る。ペコリーノはすりおろす。

2. いわしは頭と内臓を除き、水で洗って水気をふく。手開きをし、腹骨と背びれをとる（魚店で依頼しても）。塩、こしょうをふり、薄力粉をまぶす。

3. フライパンにオリーブ油を温め、いわしを身側から中火で焼く。焼き色がついたら裏返して1〜2分焼く。皿にとり出す。

4. ソースの材料を合わせ、**3**にかける。飾り用のタイムを添える。

ペコリーノの塩気で野菜から水分が出てしまうので、ソースの材料は食べる直前に合わせて。

（ 1人分 171 kcal ／ 塩分 0.7 g ）

チーズのメイン料理

51

## とり肉と根菜のブリーみそグラタン

みそとチーズ、発酵食品同士をグラタンにしました。
さといもは一部をつぶしてソースに。ブリーとからみ、濃厚な味わいです。

*Brie*

### 材料（2人分）

- とりもも肉 —— 100g
- A | 酒 —— 小さじ1
  | 塩・こしょう —— 各少々
- さといも 2個（140g）
- れんこん —— 100g
- みそ 大さじ1/2強（10g）
- 豆乳（無調整）—— 100㎖
- ブリー —— 50g

同量のカマンベール、ピザ用チーズでも。

（1人分 274 kcal ／ 塩分 1.0 g）

### 作り方（25分）

1. さといもは皮つきのままよく洗い、ラップをして電子レンジで約6分（500W）加熱する。竹串がスッと通ったらとり出し、熱いうちに皮をむく（やけどに注意）。1cm厚さの輪切りにする。

2. さといもの1/4量をフォークなどでつぶしてみそを混ぜ、豆乳でときのばす。

3. れんこんは皮をむき、1cm厚さのいちょう切りにする。耐熱容器に入れ、ラップをして電子レンジで約2分（500W）加熱する。

4. とり肉は8つのそぎ切りにし、Aで下味をつける。深さ4〜5cmほどの耐熱容器に入れ、オーブントースターで約3分焼く。上下を返しておく。

5. 4に輪切りのさといもとれんこんを入れ、2をかける。ブリーを2cm大にちぎってのせる。

6. オーブントースターで7〜8分、チーズが溶けて肉に火が通るまで焼く。

# ビーフシチュー マスカルポーネ添え

洋食の定番メニューを切り落とし肉で手軽に。
マスカルポーネが見た目と味のアクセントになり、リッチな味わいです。

*Mascarpone*

### 材料 (2人分)

- 牛切り落とし肉 ── 150g
  - 塩・こしょう ── 各少々
  - 薄力粉 ── 大さじ1/2
- たまねぎ ── 1/2個 (100g)
- にんじん ── 80g
- マッシュルーム ── 3〜4個 (80g)
- バター ── 10g
- A
  - ドミグラスソース ── 80g
  - トマト水煮 (カット) ── 80g
  - 赤ワイン ── 大さじ2
  - 塩・こしょう ── 各少々
- マスカルポーネ ── 40g

### 作り方 (25分)

1. たまねぎは1cm幅に、にんじんはひと口大に切る。マッシュルームは2〜4つ割りにする。
2. 牛肉は長いものがあればひと口大に切り、塩、こしょうをふる。薄力粉をまぶす。
3. 深めのフライパンにバターを溶かし、肉を中火で炒める。肉の色が変わったら**1**を加えて1〜2分炒める。**A**を加えて全体を混ぜ、ふたをして弱火で約15分煮る。
4. 器に盛り、マスカルポーネをスプーンでのせる。

( 1人分 426 kcal ／ 塩分 1.7 g )

# ささみのチーズクラスト

淡泊な味わいのささみにパルミジャーノとアーモンドのクラスト(衣)をたっぷりつけて。
香りも食感もよく、さめてもおいしい。

*Parmigiano Reggiano*

### 材料 (2人分)

- とりささみ ── 4本 (200g)
- A
  - とき卵 ── 1/2個分
  - 牛乳 ── 小さじ1
- B
  - アーモンド (スライス) ── 40g
  - パルミジャーノ・レッジャーノ ── 40g
  - 薄力粉 ── 30g
  - タイム (葉をつむ) ── 2枝
  - 塩・こしょう ── 各少々
- オリーブ油 ── 大さじ2
- トレビス ── 4枚
- レモン ── 1/4個

> 同量のペコリーノ・ロマーノにかえた場合、塩少々を除く。粉チーズでも。

### 作り方 (15分)

1. Aは合わせる。パルミジャーノはすりおろす。アーモンドはポリ袋に入れて、めん棒などでたたいて細かくする。残りのBを加えて、ふり混ぜて合わせる。

2. トレビスは水にさらして水気をきる。レモンは2等分のくし形に切る。ささみは筋をとり、厚みを半分にするように斜めに切る。

3. ささみにA、Bを順につける。フライパンにオリーブ油を温め、ささみを弱めの中火で焼く。焼き色がついたら上下を返し、計5～6分焼く。ペーパータオルにとって余分な油をとる。

4. 3を器に盛り、トレビスとレモンを添える。

アーモンドは食感が残る程度にくだく。袋に入れると飛び散らず、材料を合わせやすい。

(1人分 474 kcal / 塩分 0.7 g)

## えびとたこのエスカルゴ風

にんにく、パセリ、バターで味をつけた"エスカルゴ風"は、ワインが進む味。
加熱するとウォッシュ特有のくせがやわらぎ、食べやすい。

———— Taleggio

材料（2人分）

ゆでだこ ———— 100g
えび（無頭・殻つき）———— 6尾（100g）
　塩・こしょう ———— 各少々
エリンギ ———— 100g
塩 ———— 少々
オリーブ油 ———— 小さじ1
タレッジョ ———— 30g
［ エスカルゴバター ］
バター ———— 10g
にんにく ———— 小1片（5g）
パセリ（みじん切り）———— 小さじ1

ほかのウォッシュチーズ、
またはカマンベール（各同
量）でも。

作り方（15分）

1　エスカルゴバターを作る。バターは室温にもどす。にんにくはすりおろす。バター、にんにく、パセリを混ぜる。

2　エリンギは1cm厚さの斜め切りにする。たこはひと口大の乱切りにする。えびは殻をむき、あれば背わたを除く。塩・こしょう各少々をふる。タレッジョは2cm大に切るかちぎる。

3　フライパンにオリーブ油を温め、中火でエリンギを2〜3分、薄く色づくまで炒める。塩少々をふる。えびを加えてさらに炒め、色が変わったら、たこと1を加えてさっと炒める。タレッジョをちぎって加え、ひと混ぜしたら火を止める。

（1人分 200 kcal ／ 塩分 1.4 g）

チーズのメイン料理

# 3種のチーズフライ

かんたん衣で、手軽なフライです。
少量残ったチーズの使いみちとしてもおすすめ。

*Gouda / Camembert / Cheddar*

## 材料（2人分）

- ズッキーニ —— 30g
- ゴーダ —— 20g
- マッシュルーム —— 2個（40g）
- カマンベール —— 20g
- しその葉 —— 2枚
- チェダー —— 20g

[衣]
- A｜薄力粉 —— 20g
  ｜マヨネーズ —— 大さじ1/2（6g）
  ｜水 —— 大さじ2
- パン粉 —— 15g
- 揚げ油 —— 適量

[カレー塩]
- 塩 —— 小さじ1/4
- カレー粉 —— 少々

## 作り方（15分）

1 ズッキーニは輪切り4枚にする。マッシュルームは石づきをとり、斜め半分に切る。しそは軸をとる。チーズはすべて2等分する。

2 ズッキーニ2枚にゴーダをはさみ、つまようじでとめる。2個作る。

3 マッシュルーム1個でカマンベールをはさみ、つまようじでとめる。2個作る。

4 しそ1枚でチェダーを巻き、つまようじでとめる。2個作る。

5 Aは合わせる。2、3、4にA、パン粉を順につける。揚げ油を180℃に熱し、カリッとするまで30秒ほど揚げる。好みでカレー塩をつけて食べる。

（1人分　312 kcal ／ 塩分　1.3 g）

チーズのメイン料理

# とり肉とコンテのパネソテー

あっさりとしたとりむね肉だからこそ、
コンテのうま味をシンプルに味わえます。

*Comté*

### 材料（2人分）

- とりむね肉（皮なし） —— 200g
  - 塩 —— 小さじ1/8
  - こしょう —— 少々
- コンテ —— 40g （溶けるスライスチーズ2枚を重ねても。）
- バジル —— 1枝
- サラダ油 —— 大さじ2
- ベビーリーフ —— 20g
- レモン —— 1/4個
- ［衣］
- 薄力粉 —— 大さじ1
- A｜とき卵 —— 1/2個分
  ｜水 —— 小さじ1
- パン粉 —— 15g

### 作り方（20分）

1. レモンは2等分のくし形に切る。コンテは6～7mm厚さに切る。バジルは葉をつみ、細切りにする。

2. とり肉は2等分し、厚みを半分に切り開く。ラップをかけ、めん棒などでたたいて約1.5倍にのばす。塩、こしょうをふる。

3. とり肉1枚の半分にバジル、コンテを順にのせ、肉をたたむようにしてはさみ、形をととのえる。

4. Aは合わせる。3に薄力粉、A、パン粉の順に衣をつける。

5. フライパンに油を温め、4を入れて弱めの中火で3～4分焼く。色づいたら裏返し、弱火で4～5分焼く。

6. 器に盛り、ベビーリーフとレモンを添える。

とり肉をたたいたラップの上でそのままコンテとバジルをはさむとラク。

（ 1人分　371 kcal ／ 塩分　2.0 g ）

# ゴーダの茶わん蒸し

和食にも＋チーズで新たなおいしさを。
具だくさんで、栄養も満足感もアップ。幅広い世代に向きます。

*Gouda*

### 材料（2人分）

A｜卵 —— 1個
　｜水 —— 80㎖
　｜牛乳 —— 100㎖
　｜しょうゆ —— 小さじ1/2
　｜塩 —— 少々
ベビーほたて（ボイル）—— 6個（80g）
長いも —— 30g
しめじ —— 20g
三つ葉 —— 2本
ゴーダ —— 30g　← 同量のピザ用チーズでも。

ゴーダは切り方と入れるタイミングをかえる。角切りのゴーダは、具のひとつとして。

### 作り方（25分）

1 長いもは5〜6㎜厚さの半月切りにする。しめじはほぐす。三つ葉は葉と茎に分け、茎は2㎝長さに切る。ゴーダは2/3量を7〜8㎜角に、残りを薄切りにする。

2 卵はときほぐし、Aを合わせてこす。

3 器にほたて、長いも、しめじ、三つ葉の茎、角切りのゴーダを入れて 2 をそそぐ。蒸気の立った蒸し器に器を並べ、強火で2〜3分蒸す。表面が白っぽくなったら弱火にし、10〜12分蒸す。

4 火を止めて、薄切りのゴーダと三つ葉の葉をのせる。再びふたをして約5分蒸らす。

〈蒸し器がない場合（地獄蒸し）〉
厚手の鍋に器を並べ、器の高さの半分まで湯を入れる。ふたをして火にかけ、沸騰したら弱火にし、ふたをずらして10〜12分蒸す。

（ 1人分　158 kcal ／ 塩分　1.0 g ）

チーズのメイン料理

# サーモンとほうれんそう、フェタの重ね焼き

フェタは焼いても溶けませんが、生とはちがった食感になって楽しめます。
彩りさわやかで、ブランチにもぴったり。

*Feta*

## 材料（2人分）

- 生さけ＊ ── 2切れ（160g）
- A ｜ 塩・こしょう ── 各少々
  ｜ 白ワイン ── 大さじ1/2
- ほうれんそう ── 50g
- フェタ ── 40g
- B ｜ マヨネーズ ── 大さじ1（12g）
  ｜ 粒マスタード ── 小さじ1/2
- レモン汁 ── 小さじ1
- レモン（輪切り） ── 2枚

＊脂がのったトラウトサーモンがおすすめ。

同量のピザ用チーズでも。

## 作り方（15分）

1. さけはひと口大に切り、Aをふる。Bは合わせる。フェタは細かくほぐす。

2. ほうれんそうはかためにゆで、水にとって水気をきる。4cm長さに切る。

3. 耐熱容器にさけを入れ、さけの上面にBを塗る。その上にほうれんそう、フェタを重ねる。オーブントースターで約10分、さけに火が通るまで焼く。

4. 3をとり出し、レモン汁をかけ、レモンをのせる。

（ 1人分　275 kcal ／ 塩分　1.1 g ）

# 豚肉のチーズロール

いわゆる"肉巻き"。豚肉とチーズ、それぞれのうま味が相乗効果となって楽しめます。
さめてもおいしいのでお弁当にも。

*Cheddar / Gouda*

### 材料（2人分）

豚もも肉（薄切り） ―― 180g（8枚）
　塩・こしょう ―― 各少々
｜チェダー ―― 30g
｜パプリカ（赤） ―― 1/4個（40g）
｜ゴーダ ―― 30g
｜グリーンアスパラガス
　　　　　　―― 2本（40g）
オリーブ油 ―― 小さじ1
白ワイン ―― 大さじ1

スライスチーズ（溶けないタイプ）でも。

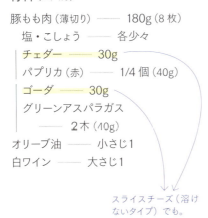

### 作り方（20分）

1. パプリカは縦に4等分に切る。アスパラガスは根元のかたい皮をむき、縦半分に切って長さを3等分に切る。チェダー、ゴーダはそれぞれ巻きやすいように4〜5cm長さ、1cm角の棒状に切る。すべて4等分する。

2. 豚肉は片面に塩、こしょうをふる。

3. 肉1枚にパプリカとチェダーをのせて巻く。4個作る。

4. 肉1枚にアスパラガスとゴーダをのせて巻く。4個作る。

5. フライパンにオリーブ油を入れて中火で温め、**3**と**4**を巻き終わりを下にして並べる。焼き色がついたら上下を返し、白ワインを入れてふたをする。弱火で3〜5分蒸し焼きにする。

6. 器に盛り、蒸し汁をかける。

（ 1人分 258 kcal ／ 塩分 1.0 g ）

# たらとカリフラワーのグラタン

カレー風味のカリフラワーが香りよし。
たらのあっさりとした味わいに、ウォッシュチーズならではの味が引き立ちます。

*Taleggio*

### 材料 (2人分)

- たら ── 2切れ (160g)
  - 塩・こしょう ── 各少々
- 白ワイン ── 大さじ2
- カリフラワー ── 100g
  - カレー粉 ── 小さじ1
  - 湯 ── 600mℓ
- A │ 生クリーム ── 50mℓ
  │ 塩 ── 小さじ1/8
  │ こしょう ── 少々
- タレッジョ ── 40g → モン・ドールやエポワスなどのウォッシュチーズ（同量）でも。
- B │ パン粉 ── 8g
  │ オリーブ油 ── 小さじ1

### 作り方 (20分)

**1** たらに塩・こしょう各少々をふる。A、Bはそれぞれ合わせる。

**2** フライパンにたらと白ワインを入れて火にかけ、煮立ったらふたをして弱火で約3分蒸し焼きにする。たらをとり出して汁気をきり、骨があれば除く。

**3** カリフラワーは小房に分け、1cm幅に切る。鍋に分量の湯を沸かし、カリフラワーとカレー粉を入れて約3分ゆでる。ざるにとる。

**4** 耐熱容器にたらを入れ、まわりにカリフラワーを入れる。Aを回しかけ、タレッジョをちぎってのせる。Bを散らし、オーブントースターで5〜7分、パン粉によい焼き色がつくまで焼く。

たらはトースターで焼く前にフライパンで蒸しておく。身がふっくらとし、くさみが出にくく火通りも安心。

チーズのメイン料理

( 1人分 279 kcal / 塩分 1.4 g )

# チーズかき揚げ

カマンベールはとろりと、ミモレットはカリッと揚がります。
少し乾燥してしまったチーズもおいしく食べられますよ。

*Camembert / Mimolette*

## 材料（2人分）

- A
  - カマンベール ── 30g
  - 桜えび（乾燥）── 5g
  - 三つ葉 ── 30g*
- B
  - ミモレット ── 30g
  - ごぼう ── 50g
  - 粉山椒 ── 少々
- 天ぷら粉 ── 40g
- 水 ── 大さじ2
- 揚げ油 ── 適量
- レモン ── 1/8個
- 塩 ── 少々

＊スポンジを除いた重量。

## 作り方（15分）

1 三つ葉は3cm長さに切る。ごぼうは縦半分に切って3cm長さの斜め薄切りにし、水にさらして水気をきる。

2 カマンベールは1cm角に切る。ミモレットは3cm長さの薄切りにする。

3 A、Bをそれぞれ別のボールに入れ、天ぷら粉を20gずつふり入れてよく混ぜる。水をそれぞれ大さじ1ずつ加えて混ぜる。

4 深めのフライパンに1cm深さの油を入れて170℃に熱する。Aを2等分して入れ、円形に広げる。弱めの中火にし、途中で上下を返して計5〜6分揚げ焼きにする。とり出してペーパータオルで油をとる。Bも同様に揚げる。

5 器に盛り、レモンを半分に切り、塩とともに添える。

（ 1人分　353 kcal　／　塩分　1.4 g ）

# さばのコチュジャンチーズ煮

"さばみそ"に飽きたら、こんな韓国風はいかが?
コチュジャンがさばのくさみを抑え、チーズのコクが加わって目先が変わります。

*Gouda*

材料(2人分)

- さば —— 2切れ(160g)
- せり —— 50g
- A
  - 水 —— 100ml
  - 酒・みりん —— 各大さじ1
  - コチュジャン —— 大さじ1/2
  - 砂糖・しょうゆ —— 各小さじ1
- ゴーダ —— 30g
- 糸とうがらし(あれば) —— 少々

↳ 同量のピザ用チーズでも。

作り方(15分)

1. せりは4cm長さに切る。ゴーダは薄切りにする。さばは皮に切り目を入れる。

2. 鍋にAを合わせて火にかける。煮立ったら、さばの皮を上にして並べ入れ、アルミホイルで落としぶたをして中火で約8分煮る(ふたはしない)。途中で1、2回さばに煮汁をかける。

3. 煮汁の残りが大さじ1くらいになったら、落としぶたをとり、あいたところにせりを加える。さばの上にゴーダをのせて火を止める。ふたをして約1分おく。

4. 器にさばを盛り、せりを添える。煮汁を温めてさばにかけ、さばの上に糸とうがらしを飾る。

( 1人分  195 kcal  /  塩分  1.0 g )

## ゴルゴンゾーラとかきの フライパン蒸し

ゴルゴンゾーラがみそでまろやかに。
ブルーがにが手、という方も食べやすい味。

*Gorgonzola*

材料（2人分）

| かき（むき身・加熱用） | 200g |
| --- | --- |
| 　薄力粉 | 小さじ1 |
| まいたけ | 100g |
| A｜赤みそ | 大さじ1/2 |
| 　｜酒 | 大さじ1 |
| サラダ油 | 小さじ1 |
| ゴルゴンゾーラ | 20g |
| イタリアンパセリ（葉をつむ） | 2枝 |

作り方（15分）

1 まいたけはほぐす。Aは合わせる。ゴルゴンゾーラはざっとくずす。かきは塩水（水200㎖、塩小さじ1・各材料外）で洗い、真水ですすぐ。水気をふき、薄力粉をまぶす。

2 フライパンに油を温め、中火でかきの両面を焼く。まいたけを加えてさっと炒める。Aを加えてふたをし、弱めの中火で約3分蒸し焼きにする。

3 ゴルゴンゾーラを加えて混ぜ、再びふたをしてさらに1〜2分加熱する。ひと混ぜして火を止め、器に盛ってパセリの葉を散らす。

（ 1人分　92 kcal ／ 塩分　1.2 g ）

## 豚肉のチーズピカタ

脂の少ない豚もも肉を使うと、ペコリーノの
羊乳ならではの風味が際立ちます。

*Pecorino Romano*

材料（2人分）

| 豚もも肉（ひと口カツ用） | 6枚（200g） |
| --- | --- |
| 　塩・こしょう | 各少々 |
| 　薄力粉 | 大さじ1 |
| 　卵 | 1個 |
| 　ペコリーノ・ロマーノ | 10g |
| サラダ油 | 大さじ1/2 |
| サニーレタス | 2枚 |

作り方（20分）

1 ペコリーノはすりおろす。卵はときほぐし、ペコリーノを混ぜる。

2 レタスは水にさらして水気をきり、食べやすい大きさにちぎる。豚肉は肉たたきでたたき、1cm厚さにする。大きければ半分に切る。塩、こしょうをふり、薄力粉をまぶす。

3 フライパンに油を温め、肉に1をからめて入れる。中火で焼き、薄く色づいたら上下を返す。弱火にし、ふたをして3〜4分焼く。

4 器にレタスと3を盛る。

（ 1人分　294 kcal ／ 塩分　0.8 g ）

チーズのメイン料理

Mini Recipe 3

# チーズの作りおき

ちょっとあるとうれしい、チーズの作りおき。少し残ったチーズも使えます。

### チーズのオイル漬け

材料・作り方
チーズ適量は食べやすい大きさに切る。保存容器にチーズとタイム2～3枝を入れ、オリーブ油適量をチーズをおおうまでそそぐ。冷蔵庫で1日以上おく。

おすすめチーズ ◎ クリームチーズ、モッツァレラ、ゴーダなど

おすすめ食べ方 ◎ そのまま食べるほか、パスタやサラダのトッピングとしてのせても。オイルはドレッシングなどに使える。

日もち ◎ 冷蔵で約1か月保存可。

## チーズのみそ漬け

材料・作り方（作りやすい分量）
チーズ80gは食べやすい大きさに切る。保存容器にみそ100g、みりん大さじ3を入れてよく混ぜ、チーズを入れてみそをからめる。冷蔵庫で1時間～半日おく。

おすすめチーズ ◎ クリームチーズ、カマンベール

おすすめ食べ方 ◎ そのまま食べるほか、ごはんやパンにのせたり、ポテトサラダなどに加えても。

日もち ◎ 冷蔵で約5日保存可（ただし塩気が強くなる）。

## チーズのはちみつ漬け

材料・作り方
チーズ適量は食べやすい大きさに切る。保存容器にチーズと、好みのナッツ（アーモンドやくるみなど）適量を入れ、はちみつ適量をチーズをおおうまでそそぐ。冷蔵庫で半日～1日おく。

おすすめチーズ ◎ カマンベール、クリームチーズ、シェーヴルチーズやブルーチーズなど

おすすめ食べ方 ◎ そのまま食べるほか、はちみつと一緒にパンやパンケーキ、クラッカーにのせても。

日もち ◎ 冷蔵で約1週間保存可。

CHAPTER

# 4

## チーズの
## パスタ、
## ピザ etc.

家族が集まる日に囲みたいラザニアや
ピザ、記念日にぴったりのリゾットや
ニョッキ…。華やかで、それでいてチー
ズの味が引き立つレシピを集めました。
どの料理も、ひと手間かけたからこそ
の味わいです。

# ラザニア

イタリアの定番家庭料理。あえてモッツァレラだけを使い、
ブロッコリーも散らして軽やかに仕上げました。

*Mozzarella*

## 材料（2人分）

| | | |
|---|---|---|
| ラザニア | 80g | |
| ｜水 | 1.5ℓ | |
| ｜塩 | 大さじ3/4 | |
| ブロッコリー | 100g | |
| モッツァレラ | 50g | ←同量のピザ用チーズでも。|

[ ミートソース ]

| | | |
|---|---|---|
| 合いびき肉 | 150g | |
| A｜たまねぎ | 1/2個（100g） | |
| ｜セロリ | 30g | |
| ｜にんじん | 30g | |
| にんにく | 小1片（5g） | |
| オリーブ油 | 大さじ1 | |
| B｜赤ワイン | 50㎖ | |
| ｜トマト水煮（ホール） | 400g | |
| ｜固形スープの素 | 1個 | |
| ｜ローリエ | 1枚 | |
| ｜トマトペースト* | 1袋（18g） | |
| ｜塩 | 小さじ1/4 | |
| ｜こしょう・ナツメグ | 各少々 | |

[ ホワイトソース ]

| | | |
|---|---|---|
| 牛乳 | 300㎖ | |
| バター | 20g | |
| 薄力粉 | 大さじ2 | |
| ローリエ | 1枚 | |
| 塩・こしょう | 各少々 | |

＊トマトピューレを濃縮したもの。煮こみ料理のコク出しや隠し味に使う。

## 作り方（60分）

**1** ミートソースを作る。Aとにんにくはみじん切りにする。鍋にオリーブ油とにんにくを入れて弱火で温め、香りが出たらAを加えて中火で炒める。たまねぎが薄く色づいたらひき肉を加えてさらに炒める。肉の色が変わったらBを加えてトマトをつぶす。煮立ったらアクをとる。弱めの中火にし、時々混ぜながら約15分煮る（ふたはしない）。

**2** ブロッコリーは3、4つの房に分け、5㎜厚さに切る。軸は皮を厚めにむき、5㎜幅に切る。モッツァレラは7〜8㎜厚さに切る。

**3** ホワイトソースを作る。別の鍋にバターを入れて弱火にかけ、少し溶けたら薄力粉を加えて炒める。バターと粉がよくなじんだら火を止め、牛乳とローリエを加えてよく混ぜる。再び中火にかけて混ぜながら加熱し、煮立ったら火を弱め、とろみがつくまで約2分煮る。塩・こしょう各少々をふる。ローリエを除く。

**4** ラザニアをゆでる。鍋に分量の水と塩大さじ3/4を入れ、ラザニアを表示通りにゆでる。残り4分になったらブロッコリーを加えてゆでる＊＊。ラザニアのゆで時間に合わせて両方をとり出し、水気をきる。

**5** ミートソース、ホワイトソース、ラザニア、ブロッコリーを半量ずつに分ける。耐熱容器にミートソースを広げ入れ、ラザニアとブロッコリーを順に重ねて、ホワイトソースをかける。これをもう一度くり返し、モッツァレラをのせる。220℃に予熱したオーブンで、モッツァレラに焼き色がつくまで約12分焼く。

＊＊ラザニアのゆで時間が4分ほどの場合は同時に入れる。ラザニアの間にブロッコリーを入れるとくっつきにくい。

（ 1人分　691 kcal ／ 塩分　2.8 g ）

耐熱容器の大きさに合わせて、〈ミートソース・ラザニア・ブロッコリー・ホワイトソース〉は3層にしてもよい。

# タルトフランベ

フランス・アルザス地方伝統の薄焼きピザ。具は控えめに、
フロマージュ・ブランならではのあっさりとしたやさしい味を楽しんで。

*Fromage Blanc*

## 材料 (1枚分)

[生地]
A | 強力粉 ── 75g
  | 薄力粉 ── 25g
  | 砂糖 ── 大さじ1/2
  | 塩 ── 小さじ1/3
  | ドライイースト ── 小さじ1/2
ぬるま湯 ── 60㎖
バター（溶かす） ── 10g

[具]
フロマージュ・ブラン ── 60g
塩・こしょう・ナツメグ ── 各少々
たまねぎ ── 1/4個(50g)
ベーコン（かたまり） ── 30g
オリーブ油 ── 小さじ1

同量のカッテージ（裏ごしタイプ）でも。

## 作り方 (30分・生地を休ませる時間は除く)

1. 生地を作る。ボールにAを合わせて分量のぬるま湯を加え、よくこねる。ひとまとまりになったらとり出し、なめらかになるまでさらにこねる。溶かしバターを加えて混ぜ、べたつかなくなったら、なめらかになるまでこねる。ボールに入れてラップをかけ、生地が約2倍の大きさになるまで室温で30分～1時間ほど休ませる。

2. フロマージュ・ブランを厚手のペーパータオルを敷いたざるに入れて約10分おき、水気をきる。塩、こしょう、ナツメグを混ぜる。

3. たまねぎは薄切りにする。ベーコンは5㎜角に切る。

4. フライパンにオリーブ油を温め、ベーコンを入れてカリッとするまで弱火で炒める。たまねぎを入れて薄い茶色になるまで炒める。とり出してさます。

5. 生地をクッキングシートの上で20×30㎝ほどの長方形に薄くのばす。全体をフォークでさし、シートごとオーブン皿にのせて**2**を塗る。**4**を均等に散らす。

6. 240℃に予熱したオーブンで約7分焼く。

フロマージュ・ブランは商品によって水分量が異なる。10分ほどをめやすに、水っぽさがなくなるまで水気をきる。

ゴムべらなどを使い、フロマージュ・ブランを生地の全面に薄く塗り広げる。

（全量　596 kcal ／ 塩分　4.2 g）

# 3種のチーズのリゾット

複数のチーズを組み合わせることで、
レストランで出てくるような豊かな風味と濃厚な味わいに。

*Camembert / Gorgonzola / Taleggio*

### 材料（2人分）

米 —— 100g
たまねぎ —— 20g
オリーブ油 —— 大さじ1/2
白ワイン —— 大さじ1
[スープ]
A｜水 —— 450ml
　｜スープの素 —— 小さじ1/2
カマンベール —— 20g
ゴルゴンゾーラ —— 20g
タレッジョ —— 10g
粗びき黒こしょう —— 少々

↓ タイプの異なる溶けるチーズを2、3種選ぶ。塩気が異なるため、上記の分量をめやすに味をみながら加える。

### 作り方（30分）

1. 小鍋にAを入れ、スープをひと煮立ちさせる。

2. たまねぎはみじん切りにする。チーズは細かく切る。

3. 鍋にオリーブ油を温め、中火でたまねぎを炒める。たまねぎが透き通ってきたら米（洗わない）を加え、油がまわるまで1〜2分炒める。

4. 白ワインを加え、熱いスープをひたひたになるまで加える。弱火にし、時々大きく全体を返すように混ぜ、14〜15分煮る（ふたはしない）。途中、水分が少なくなったら、2、3回に分けて残りのスープを加える。

5. 米にかすかに芯が残る程度になったら（アルデンテ）、チーズを加えて鍋をゆすりながら混ぜる。器に盛り、黒こしょうをふる。

スープは温めておき、水分が少なくなったら、そのつどかぶるくらいまで加える。

混ぜすぎるとねばりが出てしまう。チーズを加えたら、鍋全体をゆすりながら混ぜる。

（1人分 298 kcal ／ 塩分 1.2 g）

# ズッキーニのカルボナーラ

ズッキーニをスパゲティのように細く切り、彩りよく、ヘルシーに仕上げました。
あっさり食べやすく、パルミジャーノの存在感もアップ。

*Parmigiano Reggiano*

### 材料（2人分）

スパゲティ ── 140g
　湯 ── 1.5ℓ
　塩 ── 大さじ 3/4
ズッキーニ ── 1本
ベーコン（かたまり） ── 60g
にんにく ── 1片（10g）
バター ── 10g
卵（室温にもどす） ── 2個
卵黄 ── 1個分
パルミジャーノ・レッジャーノ ── 60g
粗びき黒こしょう ── 少々×2

同量のペコリーノ・ロマーノでも（塩気が強いので、気になる場合は量を控える）。

火にかけながら混ぜると卵液が固まってダマになりがち。温めたスパゲティをボールで混ぜれば、なめらかな口当たりに仕上がる。

### 作り方（20分）

1 パルミジャーノは、飾り用に少々を薄くけずってとりおき、残りはすりおろす。ズッキーニは、皮むき器で薄く長くけずり、1cm幅に切る。にんにくはつぶす。ベーコンは4cm長さ、5mm角に切る。

2 大きめのボールに卵を割り入れ、卵黄を加えて泡立て器でよく混ぜる。おろしたパルミジャーノと黒こしょう少々を加えてさらに混ぜる。

3 分量の湯を沸かして塩を加え、スパゲティをゆでる。表示のゆで時間の約3分前になったらズッキーニを加え、再沸騰したら一緒にざるにとって水気をきる。

4 フライパンにバター、ベーコン、にんにくを入れて弱火にかけ、香りが出るまで炒めて火を止める（飾り用にベーコン少々をとりおく）。

5 **4**に**3**を加えて弱火にかけ、30秒ほどさっと混ぜる。にんにくを除いて**2**のボールにあけ、手早く混ぜる。

6 器に盛り、とりおいたパルミジャーノとベーコンを飾って黒こしょう少々をふる。

（1人分 667 kcal ／ 塩分 1.5 g）

# なすとシェーヴルチーズのトマトパスタ

シェーヴルチーズ特有の風味を、クミンがすっきりと引きしめます。
フレッシュトマトを使ったあっさりとしたソースとどうぞ。

*Valençay*

## 材料（2人分）

- スパゲティ* ── 160g
  - 湯 ── 1.5ℓ
  - 塩 ── 大さじ3/4
- なす ── 1個（70g）
  - 塩 ── 小さじ1/8
- トマト ── 1個（200g）
- にんにく ── 1片（10g）
- オリーブ油 ── 大さじ1
- A
  - トマトペースト（→p.68）── 1袋（18g）
  - 白ワイン ── 大さじ1
  - 塩・こしょう ── 各少々
- ヴァランセ ── 40g
- クミンシード（からいりする）── 小さじ1

*やや細めのものが合う。写真はフェデリーニを使用。

同量のセル・シュール・シェルでも。

## 作り方（25分）

1 なすは5mm厚さの輪切りか半月切りにし、塩小さじ1/8をふって約10分おく。水気をふき、オーブントースターで5〜7分焼く。

2 トマトは1cm角に切る。にんにくはつぶす。ヴァランセは1cm角に切る。

3 フライパンにオリーブ油とにんにくを入れて弱火で温める。香りが出たらトマトとAを加え、煮立ったら中火で約2分煮る。にんにくを除き、なすを加えてさっと混ぜる。

4 分量の湯を沸かして塩大さじ3/4を入れ、スパゲティを表示の時間より1〜2分短くゆでる。ゆで湯大さじ3をとりおき、ざるにとって水気をきる。スパゲティを3に加え、とりおいたゆで湯を少しずつ加えてソースの味と汁気をととのえる。

5 器に盛り、ヴァランセとクミンを散らす。

（1人分 466 kcal ／ 塩分 2.1 g）

チーズのパスタ、ピザ etc.

# ラクレットの焼きドライカレー

ラクレットならではの香りとまろやかな風味がスパイシーなカレーを包みます。
焼きあがったら、ぜひ熱々を。

*Raclette*

### 材料 (2人分)

| | |
|---|---|
| 合いびき肉 | 100g |
| たまねぎ | 1/2個 (100g) |
| にんじん | 30g |
| ピーマン | 1個 |
| しょうが | 小1かけ (5g) |
| にんにく | 小1片 (5g) |
| サラダ油 | 大さじ1/2 |
| カレー粉 | 大さじ1 |
| A トマト水煮 (カット) | 100g |
| 　水 | 100ml |
| 　ウスターソース | 大さじ1 |
| 　スープの素 | 小さじ1/2 |
| 　塩 | 少々 |
| ラクレット | 80g |

[ターメリックライス]

| | |
|---|---|
| 米 | 米用カップ1 (180ml・150g) |
| 水 | 215ml |
| ターメリック | 小さじ1/8 |

※同量のグリュイエールやエメンタール、溶けるスライスチーズでも。

### 作り方 (50分)

1. 米はとぎ、水気をきる。炊飯器に入れ、分量の水215mlとターメリックを加えて混ぜる。ふつうに炊く(ターメリックライス)。

2. たまねぎ、にんじん、ピーマンはみじん切り、しょうが、にんにくはすりおろす。ラクレットは薄切りにする。

3. 鍋に油を温め、ピーマン以外の野菜を中火で炒める。ひき肉を加え、パラパラになるまで炒める。ピーマン、カレー粉を加えて全体を混ぜる。

4. Aを加え、弱火で7〜8分、汁気がなくなるまで煮る(ふたはしない)。

5. 耐熱容器にターメリックライス、4を盛り、ラクレットをのせる。オーブントースターでラクレットが溶けるまで焼く。

( 1人分 616 kcal ／ 塩分 2.3 g )

# チーズ in 手まりずし

ころんとした見た目がかわいらしく、チーズ入りなら子ども受けも◎。
おもてなしやパーティーにいかが。

*Gouda / Cream Cheese*

## 材料（2人分）

[ すしめし ]
- 温かいごはん ——— 150g
- A | 砂糖 ——— 大さじ1/2
  | 塩 ——— 小さじ1/6
  | 酢 ——— 小さじ2
- きゅうり ——— 1/2本（50g）
- ゴーダ ——— 10g
- 練り梅 ——— 少々
- スモークサーモン ——— 20g
- クリームチーズ ——— 15g
- レモン（薄いいちょう切り）——— 4切れ

同量のプロセスチーズでも。

## 作り方（20分）

1. Aは合わせる。ボールにごはんを入れ、Aをかけて混ぜる（すしめし）。

2. きゅうりは皮むき器で薄く長くけずり、塩水（水50ml・塩小さじ1/8、各材料外）につけて約5分おく。しんなりしたら水気をふく。ゴーダは5mm角に切り、1/2量のすしめしに混ぜ、4等分してラップで包み、丸く形を整える。ラップをはずし、きゅうりをかぶせて巻きつけ、練り梅をのせる。4個作る。

3. サーモン、クリームチーズはそれぞれ4等分に切る。残りのすしめしを4等分する。ラップにサーモン、クリームチーズ、すしめしの順にのせ、丸く形を整える。ラップをはずし、レモンをのせる。4個作る。

ゴーダは小さく切ってすしめしに加える。しゃもじで切るようにしてまんべんなく混ぜる。

クリームチーズはサーモンとすしめしの間にかくれる。あとはラップの端をキュッとしぼるだけ。

（1人分 201 kcal ／ 塩分 1.0 g）

チーズのパスタ、ピザ etc.

# ニョッキ ペコリーノのレモンバターソース

ペコリーノのコクと風味にレモンとセージのさわやかな香りがよく合います。
ニョッキはこねたり発酵させたりしないので、意外にかんたんに作れますよ。

*Pecorino Romano*

## 材料（2人分）

[ ニョッキ ]
- じゃがいも ─── 250g
- 強力粉* ─── 80g
- A ｜ バター ─── 20g
  ｜ ナツメグ・塩・こしょう ─── 各少々
- 卵黄 ─── 1個分
- ｜ 湯 ─── 1.5ℓ
- ｜ 塩 ─── 大さじ 3/4
- ｜ オリーブ油 ─── 小さじ1

[ ソース ]
- バター ─── 20g
- セージ** ─── 1枝
- レモン汁 ─── 大さじ1
- ペコリーノ・ロマーノ ─── 40g

[ 飾り ]
- レモンの皮（よく洗い、細く切る） ─── 少々
- 粗びき黒こしょう ─── 少々
- セージの葉 ─── 4枚

＊強力粉ならもちもちとした食感。薄力粉だとホクホクと軽めの食感。好みでどちらでも OK。

＊＊さわやかな香りとほろ苦さのあるハーブ。

パルミジャーノ・レッジャーノまたは粉チーズ各 50 g でも。

## 作り方（40分）

1. ペコリーノはすりおろし、1/4 量を飾り用にとりおく。

2. ニョッキを作る。じゃがいもは皮をむいて3cm角に切り、鍋に入れる。ひたひたの水を加えてふたをし、約7分ゆでる。やわらかくなったら湯をきり、水分をとばす。熱いうちにつぶし、Aを加えて切るように混ぜる。卵黄を加えて混ぜ、強力粉を加えてカードやゴムべらなどで切って重ねるようにして混ぜる。生地をひとつにまとめたら、直径1.5cmの棒状に伸ばし、端から2cm長さに切る。フォークの背を押し当てて筋目をつける。

3. フライパンにバターとセージ1枝を入れて弱火にかけ、バターが溶けたらレモン汁と飾り用以外のペコリーノを加える。すぐに火を止め、セージを除く。

4. 分量の湯を沸かし、塩大さじ 3/4 とオリーブ油を入れ、ニョッキを弱火でゆでる。再沸騰し、ニョッキがすべて浮きあがったらざるにとる。水気をきって **3** に加え、さっとあえる。

5. 皿に盛り、とりおいたペコリーノを飾り、レモンの皮を散らし、黒こしょうをふる。セージの葉を添える。

ニョッキはこねたり練ったりしない。カードやゴムべらで切りながら全体を混ぜ、重ねて押すようにしてまとめる。

フォークの背を当てて軽く押して筋目をつける。この筋目にソースがからむ。

（ 1人分 525 kcal ／ 塩分 3.0 g ）

## トマトとモッツァレラのピザ／バジルとマスカルポーネのピザ

ベーシックなものと、少し変わり種の2種類のピザをご紹介。
生地は共通ですが、伸ばしたときの厚みを変えています。

### 材料（ピザ生地2枚分）

A│ 薄力粉 ——— 50g
　│ 強力粉 ——— 50g
　│ ドライイースト ——— 小さじ1/2
　│ 砂糖 ——— 小さじ1/2
　│ 塩 ——— 小さじ1/4
ぬるま湯（約40℃） ——— 60〜65㎖
オリーブ油 ——— 小さじ1

### 作り方（20分・生地を休ませる時間は除く）

1　ボールにAを合わせ、ぬるま湯60㎖を加えてなめらかになるまでよくこねる。粉っぽさがあれば残りの湯をたす。オリーブ油を加えて、なじむまでさらにこね、ひとまとめにする。ラップをかけて、生地が1.5〜2倍の大きさになるまで室温で30分〜1時間ほど休ませる。

2　1を手でやさしく押してガス抜きする。2等分し、それぞれを丸めて約10分休ませる。

## トマトとモッツァレラのピザ

まずは手作りトマトソースで
定番ピザを作りましょう。
具はお好みでアレンジしても。

*Mozzarella*

材料 (2人分)

- ピザ生地 ── 1枚分
- オリーブ (黒・種なし) ── 4個
- モッツァレラ ── 80g
- オレガノ (乾燥) ── 少々
- オリーブ油 ── 大さじ1/2

[ トマトソース ]
- トマト水煮 (カット) ── 100g
- オリーブ油 ── 小さじ1/2
- 塩・こしょう ── 各少々

作り方 (15分)

1. トマトソースを作る。鍋にトマト水煮を入れ、中火で2〜3分煮つめる。オリーブ油小さじ1/2、塩、こしょうを加える (約50gのソースができる)。

2. モッツァレラは5mm厚さに切る。オリーブは薄切りにする。ピザ生地を約20cmの円形に伸ばす。トマトソースを塗り、モッツァレラ、オリーブをのせ、オレガノをふる。260℃に予熱したオーブンで6〜7分焼く。オリーブ油大さじ1/2をかける。

生地はやや厚みを残し、もちっとした食感に。

( 1人分 273 kcal ／ 塩分 0.8 g )

## バジルとマスカルポーネのピザ

さわやかなバジルソースに、ほんのり甘く
コクのあるマスカルポーネは好相性。
意外な組み合わせですが、くせになる味です。

*Mascarpone*

材料 (2人分)

- ピザ生地 ── 1枚分
- マスカルポーネ＊ ── 60g

[ バジルソース ]
- バジル ── 20g
- 松の実 ── 10g
- にんにく ── 小1/2片 (3g)
- オリーブ油 ── 大さじ1
- 塩・こしょう ── 各少々

＊商品によっては加熱しても溶けないものもある。

作り方 (15分)

1. バジルソースを作る。松の実はフライパンで薄く色づくまでからいりする。バジルは茎と葉に分ける。クッキングカッターにバジルの茎、松の実、にんにくを入れ、細かくする。葉を加えて、なめらかにする。塩、こしょう、オリーブ油を加えて混ぜる。

2. ピザ生地を約25cmの円形に伸ばし、バジルソースを塗る。マスカルポーネをところどころにのせる。260℃に予熱したオーブンで6〜7分焼く。

こちらは薄焼きの生地で、パリッとした食感に。

( 1人分 215 kcal ／ 塩分 0.6 g )

# ブルーチーズのかぼちゃペンネ

青カビのピリリとした刺激に、甘いかぼちゃを合わせました。
くるみの香ばしさがアクセントに。

*Gorgonzola*

### 材料（2人分）

- ペンネ ── 120g
  - 湯 ── 1.5ℓ
  - 塩 ── 大さじ3/4
- たまねぎ ── 1/4個（50g）
- かぼちゃ ── 100g
- バター ── 10g
- 白ワイン ── 大さじ1
- ゴルゴンゾーラ ── 60g
- 生クリーム ── 100mℓ

［飾り用］
- くるみ ── 15g
- 黒こしょう ── 少々

ほかの青カビチーズでも。塩気がさまざまなので量は味をみて調整する。

### 作り方（25分）

1. くるみは7〜8mm角に切り、フライパンで薄く色づくまでからいりする。ゴルゴンゾーラは小さめにちぎり、10gを飾り用にとりおく。

2. たまねぎは薄切り、かぼちゃは皮つきのまま3cm長さ、5mm厚さの薄切りにする。

3. フライパンにバターを溶かし、**2**を中火で炒める。たまねぎがしんなりしたら、白ワインを入れてふたをし、弱火で3分蒸し焼きにする。かぼちゃがやわらかくなったら、ゴルゴンゾーラ50gと生クリームを入れて混ぜながら温める。まわりがフツフツと煮立ち始めたら火を止める。

4. 分量の湯を沸かして塩を入れ、ペンネを表示どおりにゆでる。ざるにとり、水気をきって**3**に加える。さっと混ぜて器に盛る。

5. くるみを散らし、黒こしょうをふり、とりおいたゴルゴンゾーラを散らす。

ゆであげたペンネをすぐにあえれば、ソースがほどよくからむ。

（ 1人分 688 kcal ／ 塩分 1.9 g ）

# リコッタとミニトマトの冷製パスタ

さっぱりとした甘みのリコッタは、オリーブ油と相性がよく、
料理にも使いやすい。暑い季節のおもてなしに。

*Ricotta*

## 材料（2人分）

- ミニトマト* ── 10個（150g）
- バジル ── 1枝
- A
  - 塩 ── 小さじ1/4
  - こしょう ── 少々
  - オリーブ油 ── 大さじ1
  - にんにく ── 小1/2片（3g）
- カッペリーニ** ── 80g
  - 湯 ── 1ℓ
  - 塩 ── 大さじ1/2
- リコッタ ── 60g

＊色は好みで。写真は赤と黄が5個ずつ。
＊＊極細のスパゲティ。冷製に向く。

同量のカッテージ（裏ごしタイプ）でも。

## 作り方（20分）

1. ミニトマトは4つ割りにする。バジルは葉をつみ、粗みじんに切る。にんにくはみじん切りにする。大きめのボールにAを合わせ、ミニトマト、バジルを加えて混ぜる。冷蔵庫で冷やす。

2. 分量の湯を沸かし、塩大さじ1/2を加え、カッペリーニを表示の時間より1分ほど長めにゆでる。冷水にとり、水気をしっかりきる。

3. 1にリコッタとカッペリーニを加えてあえる。器に盛り、バジルの葉少々（材料外）を飾る。

（ 1人分　284 kcal　／　塩分　1.3 g ）

# パルミジャーノあえそば

そばの香りとパルミジャーノの風味が合わさり、深みのある味わいに。
オリーブ油が和洋の個性を調和させています。

*Parmigiano Reggiano*

### 材料（2人分）

そば（乾めん） ── 160g
パルミジャーノ・レッジャーノ ── 40g　← 同量の粉チーズでも。
オリーブ油 ── 小さじ1
いりごま（白） ── 小さじ1
[ 濃厚めんつゆ（できあがり約大さじ3）]
こんぶ ── 1㎝
けずりかつお ── 3g
酒 ── 小さじ2
しょうゆ ── 小さじ2
みりん ── 小さじ2
水 ── 大さじ1

### 作り方（15分）

1 めんつゆの材料を小鍋に合わせて火にかけ、沸騰したら弱火にして約1分煮る。火を止めて約5分おき、こす。さます。

2 たっぷりの湯を沸かし、そばを表示どおりにゆでる。好みのゆで加減になったら、冷水でもみ洗いし、しっかりと水気をきる。パルミジャーノは皮むき器で薄くけずる。

3 そばを器に盛り、オリーブ油、めんつゆを回しかけて*、パルミジャーノをのせ、ごまを指でひねってふる。

＊できあがっためんつゆをすべて使うとやや濃い味に。食べながら少しずつかけてもよい。

（ 1人分　380 kcal ／ 塩分　1.4 g ）

## カマンベールの磯辺焼き

もちのピザ風。
のりはたっぷりかけて。

*Camembert*

**材料**（2人分）

切りもち ——— 3個
カマンベール ——— 50g　（同量のモッツァレラでも。）
しらす干し ——— 10g
きざみのり ——— 適量
しょうゆ ——— 少々
フライパン用ホイルシート
　——— 2枚（各15×15cm）

**作り方**（20分）

1　もちは1個を4等分し、ぬるま湯に約5分つける。

2　カマンベールは8等分する。

3　大きめのフライパンにホイルシートを2枚並べ、その上にもちを半量ずつ置く。もちの上にカマンベールとしらすを半量ずつのせる。それぞれに水小さじ1（材料外）を回しかける。ふたをして強火で約1分加熱し、弱火にしてさらに約7分加熱する。もちがやわらかくなったら火を止める。

4　皿にとり出し、のりを散らす。しょうゆをかける。

（1人分　255 kcal　／　塩分　0.6 g）

## ミモレットの焼きおにぎり

チーズは「中にとろり」、
「表面にカリッ」の2種。お好みで。

*Mimolette*

**材料**（4個分）

温かいごはん ——— 300g
ミモレット ——— 20g　（同量のプロセスチーズでも。）
しょうゆ ——— 小さじ2

**作り方**（各10分）

〈写真上の場合〉

1　ミモレットは4つの薄切りにする。

2　ごはんを4等分にし、ミモレットを中央に入れてにぎる。

3　オーブントースターに **2** をのせ、表面が乾いたらしょうゆを塗り、焼き色がつくまで焼く。

〈写真下の場合〉

1　ミモレットは5mm角に切り、4等分する。

2　ごはんにしょうゆを加えて混ぜ、4等分してにぎる。片側にミモレットをのせてにぎる。

3　オーブントースターに **2** のミモレットの面を上にしてのせ、焼き色がつくまで焼く。

（1個分　147 kcal　／　塩分　0.6 g）

チーズのパスタ、ピザ etc.

## for kids

子ども向けなら、ワインを牛乳に変更し、チーズも
マイルドなタイプにするのがおすすめ。
保温力の高い鍋ならコンロがいらず安全です。

[ **キッズ用フォンデュソース** ]

コンテ ……………… 250g
ゴーダ ……………… 50g
コーンスターチ ……… 大さじ2
牛乳 ……… 250ml
ナツメグ ……… 少々

[ **キッズ用の具（例）** ]

ウィンナーソーセージ、ちくわ
（両方グリルで焼く）、むきえび
（酒蒸しする）、ミニトマト、う
ずら卵など。野菜は型抜きす
るとかわいい。

## Party Recipe 1

# チーズフォンデュ

友人や家族が集う日には、チーズフォンデュを囲みませんか。白ワインを
たっぷり使った本格派。バラエティに富んだ具は家庭で準備しやすいよう工夫しました。

*Comté / Gruyère*

### 材料 (4人分)

コンテ ── 200g
グリュイエール ── 100g
コーンスターチ ── 大さじ2
白ワイン ── 250ml
にんにく ── 少々

[ 具 ]
とりもも肉 ── 200g
　塩 ── 小さじ1/6
　白ワイン ── 小さじ1
えび (有頭) ── 4尾 (120g)
　塩 ── 小さじ1/2
　白ワイン ── 小さじ1
れんこん ── 100g
じゃがいも ── 大1/2個 (100g)
にんじん (8cm長さ) ── 80g
グリーンアスパラガス ── 4〜5本 (80g)
セロリ (8cm長さ) ── 40g
ラディッシュ (葉つき) ── 4個
りんご ── 1/2個
パイナップル (カット・生) ── 10〜12切れ
バゲット ── 1/4本 (80g)
グリッシーニ ── 4本

温めた白ワインを少しずつ加
えてチーズを溶かしていく。
こげやすいので、チーズがしっ
かり溶けてから温める。

### 作り方 (40分)

**1** じゃがいも、りんごは皮つきのまま3cm角に切る。れんこんは皮つきのまま8mm厚さの半月切りにする。にんじん、セロリは1cm角のスティック状に切る。アスパラガスは根元のかたい皮をむいて長さを半分に切る。バゲットは3cm角に切る。

**2** とり肉は皮目に竹串で穴をあけ、12等分する。塩小さじ1/6と白ワイン小さじ1をもみこむ。えびは長いひげや剣先 (尾の中央のとがったところ) を切り落とす。殻つきのまま背わたをとり、竹串を背に通す。塩小さじ1/2と白ワイン小さじ1をふりかける。

**3** コンテ、グリュイエールはすりおろし、コーンスターチをまぶす。フォンデュ鍋ににんにくをこすりつけ、チーズを入れる。

**4** グリルにれんこん、パイナップル、りんごを並べ、薄く焼き色がつくまで6〜8分焼く。とり出したら、続けてグリルに肉、えびを並べて約8分焼く。えびをとり出し、さらに約2分肉を焼く。

**5** フライパンにじゃがいも、にんじん、水大さじ3 (材料外) を入れ、ふたをして火にかける。煮立ったら弱火で約5分蒸し煮にする。アスパラガスを加えてさらに約5分、にんじんがやわらかくなるまで蒸し煮にする。

**6** えびの竹串を抜き、**4**、**5**、セロリ、ラディッシュ、バゲット、グリッシーニを器に盛る。

**7** 小鍋に白ワインを温め、沸騰直前になったら**3**に少しずつ加える。よく混ぜながらチーズを溶かす。食卓でフォンデュ鍋を温め、具を串に刺してチーズをからめながら食べる。

## ラクレット

記念日には、加熱したチーズを溶かして味わう「ラクレット」を楽しんでみては。
焼けたチーズの香ばしい香りやコクのある風味を味わいましょう。

*Raclette*

### 材料（2人分）

| | | |
|---|---|---|
| ラクレット | — | 150g |
| ラムチョップ | — | 4本（240g） |
| A　ローズマリー | — | 1枝 |
| 　　にんにく | — | 小1片（5g） |
| 　　オリーブ油 | — | 大さじ1・1/2 |
| 　　塩・こしょう | — | 各少々 |
| ソーセージ | — | 2本（60g） |
| じゃがいも | — | 大1/2個（100g） |
| ズッキーニ | — | 1/2本（80g） |
| パプリカ（黄） | — | 1/2個（80g） |
| エリンギ | — | 1/2パック（50g） |
| オリーブ油 | — | 大さじ1 |
| 塩 | — | 少々 |

### 作り方（30分・肉をつけておく時間は除く）

1　ローズマリーは葉をつむ。にんにくは薄切りにする。Aを合わせる。ラムチョップをつけて、30分以上おく（時々上下を返す）。

2　じゃがいもは皮をむいて4等分のくし形に切る。耐熱容器に入れ、ラップをして電子レンジで約1分30秒（500W）加熱する。

3　ズッキーニは縦半分に切る。パプリカは種を除き、縦4つ割りにする。エリンギは縦半分に切る。ラクレットは薄切りにする。

4　オーブンは210℃に予熱する。ラム肉に塩・こしょう各少々をふる。オーブン皿にクッキングシートを敷き、ラム肉、ソーセージ、2、3の野菜を並べる。2、3にオリーブ油大さじ1と塩少々をふり、約20分焼く。器に盛る。

5　フライパンにラクレットを並べ入れ、弱めの中火にかける。溶け始めたら弱火にし、軽く混ぜながら1〜2分加熱する。全体が溶けたら4にかける。

ラクレットはなるべく薄く切り、並べて加熱すると、均一に溶けやすい。火が強すぎると脂肪分が分離しやすいので注意。

Mini Recipe 4

# チーズピンチョス

パーティーシーンの前菜だけでなく、ふだんのおつまみにも。
手軽に作れて、かわいい見た目がうれしい。

オリーブ
×
生ハム
×
モッツァレラ

生ハムは縦に細長く切り、モッツァレラ（チェリータイプ）に巻きつける。

ブリー
×
りんご

はちみつ少々をたらす。

タレッジョ
×
パプリカ
×
セロリ

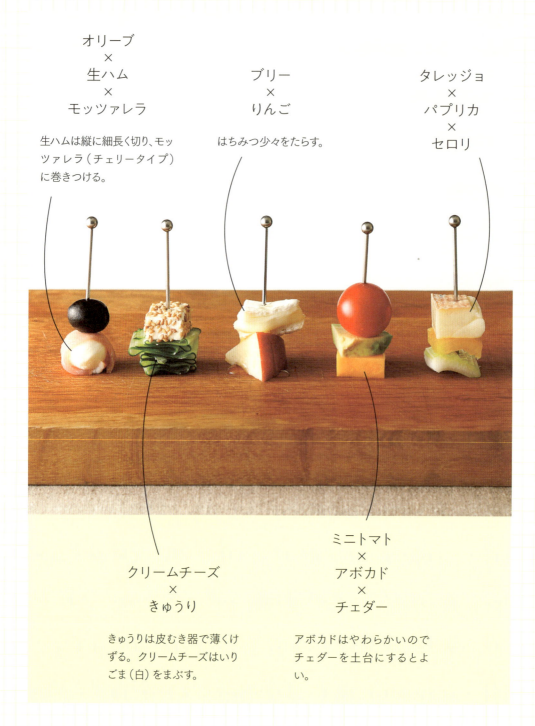

クリームチーズ
×
きゅうり

きゅうりは皮むき器で薄くけずる。クリームチーズはいりごま（白）をまぶす。

ミニトマト
×
アボカド
×
チェダー

アボカドはやわらかいのでチェダーを土台にするとよい。

# CHAPTER
# 5
# チーズの
# スイーツ

スイーツにとり入れれば、チーズが新たな表情を見せます。チーズケーキやパンケーキはもちろん、ブランチにうれしいキッシュやスコーンも。ひと口食べれば、きっと何度も作りたくなる、とっておきのレシピばかりです。

# 3種のチーズのベイクドチーズケーキ

チーズ3種の香りと風味が濃厚なケーキです。
蒸し焼きにして、しっとりと仕上げました。

*Edam / Cream Cheese / Parmigiano Reggiano*

材料 (18×8×6cmのパウンド型1個分)

A | レーズン ── 30g
　| ラム酒 ── 大さじ1

[ クランブル ]
バター（食塩不使用）── 15g
B | グラニュー糖 ── 15g
　| 薄力粉 ── 15g
　| エダム ── 25g

[ チーズ生地 ]
クリームチーズ ── 100g
パルミジャーノ・レッジャーノ ── 10g
サワークリーム ── 50g
砂糖 ── 30g
とき卵 ── 1個分
レモン汁 ── 大さじ1/2
薄力粉 ── 10g

作り方 (70分・さまし、冷やす時間は除く)

事前準備
　・クリームチーズは室温でやわらかくする。
　・砂糖、薄力粉はそれぞれふるう。
　・エダム、パルミジャーノ・レッジャーノはそれぞれすりおろす。
　・バターは5mm角に切って冷凍庫で冷やす。
　・型に合わせてクッキングシートを敷く。
　・オーブンは190℃に予熱する。

1 ラムレーズンを作る。耐熱容器に **A** を合わせ、ラップをして電子レンジで約1分（500W）加熱する。とり出し、型の底に敷く。

2 クランブルを作る。ボールにバターを入れ、**B** を加えてまぶし、指先でねじるようにしてバターをつぶす。かたまりが入り混じり、ポロポロした状態にする。冷蔵庫で冷やす。

3 チーズ生地を作る。ボールにクリームチーズを入れて、泡立器でクリーム状になるまで混ぜる。砂糖、とき卵、パルミジャーノ、サワークリーム、レモン汁の順に入れて、そのつど混ぜる。ゴムべらにかえ、薄力粉を加えて粉っぽさがなくなるまで混ぜる。

4 **1** の型に **3** を流し入れて、**2** のクランブルをまんべんなくのせる。型より大きいバットにのせて、バットに1〜2cm深さの熱湯を注ぎ、190℃のオーブンで20分ほど蒸し焼きにする。160℃に温度を下げてさらに約30分焼き、そのままオーブンの中でさめるまでおく（余熱で火が通る）。

5 冷蔵庫に入れてしっかり中が冷えるまで3時間ほどおいて、型からはずす。粉糖小さじ1（材料外）をふるう。

※切り分けるときは、温めたナイフで切るとよい。

（全量　1,109 kcal　／　塩分　1.6 g）

粉やチーズをまぶしたバターを、指先でつまんでなじませる。さらにすりつぶしてポロポロのそぼろ状にする。

クリームチーズはよく練ってなめらかにする。材料を加えるつど、ムラがないように混ぜる。

# リコッタパンケーキ

リコッタのしっとりとした口当たりとさわやかな酸味がほんのり。
生地がやわらかいので、小さく作ると扱いやすいですよ。

*Ricotta*

**材料**（2人分）

- リコッタ —— 100g（同量のフロマージュ・ブランでも。）
- 牛乳 —— 大さじ2
- 卵黄 —— 1個分
- 卵白 —— 1個分
- 砂糖 —— 大さじ1
- A │ 薄力粉 —— 大さじ4（32g）
  │ ベーキングパウダー —— 小さじ1/4
  │ 塩 —— 少々
- キウイフルーツ —— 1/2個

**作り方**（25分）

1. ボールに卵白を入れてハンドミキサーで泡立てる。ふんわりと泡立ってきたら砂糖を加え、ツノが立つまで泡立てる。

2. 別のボールにリコッタ、牛乳、卵黄を入れて泡立て器でよく混ぜる。Aを合わせてふるい入れ、粉気がなくなるまで混ぜる。

3. **2**に**1**を2回に分けて加え、ゴムべらで混ぜる。

4. フライパンにサラダ油少々（材料外）をひいて温める。生地1/6量（直径約5cm、約大さじ1・1/2）を3回流し、弱火で3～4分焼く。色づいたら裏返して2～3分焼く。残りも同様に焼く。器に盛る。

5. キウイは皮をむいて7～8mm幅の半月切りにする。**4**の器に添え、パンケーキに粉糖適量（材料外）をふる。

粉を入れたら全体がなじむまで混ぜればOK。練らないようにする。

（1人分 225 kcal ／ 塩分 0.7 g）

## ポン・デ・ケージョ

ブラジル生まれのもちもちチーズパン。
パルミジャーノを使えば、風味豊かでついつい手が伸びます。

*Parmigiano Reggiano*

### 材料（16個分）

- 白玉粉 —— 80g
- 砂糖 —— 小さじ1
- 牛乳 —— 100ml
- A
  - マヨネーズ —— 大さじ2（24g）
  - オリーブ油 —— 大さじ1
- B
  - 薄力粉 —— 50g
  - ベーキングパウダー —— 小さじ1/2
- パルミジャーノ・レッジャーノ —— 40g
- C
  - 塩 —— 少々
  - オレガノ（乾燥）—— 少々

→ 同量の粉チーズでも。

### 作り方（30分）

1. パルミジャーノはすりおろす。Bは合わせてふるう。

2. ボールに白玉粉と砂糖を入れ、牛乳を少しずつ加えながら、かたまりをつぶすようにして泡立器でよく混ぜる。分量の牛乳をすべて加えたら、Aを加えてさらに混ぜる。B、パルミジャーノ、Cを加え、ゴムべらか手でよく混ぜる。

3. ひとまとまりになったら16等分し、手に水少々（材料外）をつけて丸める。

4. クッキングシートを敷いたオーブン皿にのせ、190℃に予熱したオーブンで約15分焼く。

（1個分　63 kcal ／ 塩分　0.1 g）

チーズのスイーツ

# クリームチーズ大福

コクのあるクリームチーズと甘酸っぱいアプリコットをあんにして、
小ぶりな大福に仕上げました。

*Cream Cheese*

材料(4個分)

- A
  - クリームチーズ ——— 40g
  - 砂糖 ——— 10g
  - レモン汁 ——— 小さじ1/2
- ドライアプリコット ——— 4個(30g)
- 白玉粉 ——— 50g
- 水 ——— 65ml(大さじ4＋小さじ1)
- 砂糖 ——— 25g

作り方(25分)

1. クリームチーズは室温に出し、やわらかくする。Aを混ぜ合わせる。アプリコットは7〜8mm角に切り、Aに加えて混ぜる。4等分して丸め、冷蔵庫で冷やす。

2. 耐熱容器に白玉粉を入れ、分量の水を少しずつ加えながら、かたまりをつぶすようにしてよく混ぜる。砂糖25gを加えて混ぜる。

3. **2**にラップをして、電子レンジで約1分30秒(500W)加熱する。ぬらしたゴムべらで底を返すようにして混ぜ、再びラップをして約1分加熱する(半透明になる)。

4. まな板にかたくり粉適量(材料外)を広げ、**3**をのせる。そのままあら熱をとり、かたくり粉をふってゴムべらなどで4等分に切り分ける。温かいうちに直径6〜7cmに丸く広げ、**1**を包み、縁をつまんでとじる。

( 1個分 137 kcal ／ 塩分 0.1 g )

# ゴルゴンゾーラのキッシュ

いつものキッシュがゴルゴンゾーラの香りと刺激で大人の味わいに。
チーズの香りを楽しむなら、ワインとともに熱々をどうぞ。

*Gorgonzola*

## 材料（2人分・直径18cmのパイ皿 1個分）

- 冷凍パイシート ── 1枚（100g）
- ほうれんそう ── 100g
- たまねぎ ── 1/4個（50g）
- マッシュルーム ── 2〜3個（50g）
- ベーコン ── 1枚（20g）
- こしょう ── 少々
- サラダ油 ── 小さじ1
- A｜卵 ── 1個
　　｜牛乳 ── 100mℓ
- ゴルゴンゾーラ ── 50g
  → ほかの青カビチーズ（同量）でも。

（1人分 436 kcal ／ 塩分 1.6 g）

## 作り方（40分）

1. パイシートは室温で半解凍する。ほうれんそうはゆでて水にとって水気をしぼり、3〜4cm長さに切る。

2. たまねぎは薄切り、マッシュルームは5mm厚さ、ベーコンは5mm幅に切る。

3. フライパンに油を温め、中火で **2** を炒める。たまねぎがしんなりしたら、ほうれんそうを加えて炒め、こしょうをふってとり出す。さます。

4. パイシートに薄力粉少々（打ち粉・材料外）をふり、めん棒で伸ばして型に合わせて敷く。底にフォークで穴をあける。

5. ボールに **A** を合わせてよく混ぜ、**3** を加える。**4** に流し入れる。ゴルゴンゾーラをくずして全体に散らす。210℃に予熱したオーブンで約15分焼く。

# カッテージのスコーン

バターや砂糖は控えめ、ヘルシーで朝食にぴったりのスコーンです。
はちみつやジャムを添えても。

*Cottage*

材料（8個分）

A ｜ 薄力粉 —— 200g
｜ 砂糖 —— 10g
｜ ベーキングパウダー
｜ —— 大さじ 1/2
｜ 塩 —— 少々
バター —— 40g
カッテージ —— 100g
牛乳 —— 50mℓ
牛乳（つや出し用）—— 少々
[ つけ合わせ ]
ベビーリーフ、ベーコン（焼く）など

作り方（40 分）

1　バターは 5mm角に切る。Aは合わせてボールにふるい入れ、バターを加える。カードやゴムべらでバターを切るようにしながら粉となじませる。バターが細かくなったら手のひらですり合わせて全体をサラサラにする。

2　カッテージを加えてゴムべらで混ぜ、牛乳 60mℓを少しずつ加えてひとまとめにする（まとまりにくい場合は、牛乳少々・材料外を加える）。

3　生地をボールから出し、少し伸ばして半分に折る。3、4回繰り返す。2cm厚さほどの円形に伸ばし、放射線状に8等分する。クッキングシートを敷いたオーブン皿にのせ、上面につや出し用の牛乳少々をスプーンの背で塗る。

4　180℃に予熱したオーブンで約 20 分焼く。つけ合わせとともに器に盛る。

（ 1個分　153　kcal　／　塩分　0.4　g ）

# マスカルポーネのレアチーズ

マスカルポーネならではのなめらかな口あたりと、
濃厚なコクが味わえます。

*Mascarpone*

**材料**（容量 100mlの容器4個分）

マスカルポーネ ── 100g
砂糖 ── 30g
A │ 牛乳 ── 100ml
　│ レモン汁 ── 大さじ 1/2
　│ ホワイトキュラソー ── 大さじ 1/2
　│ 粉ゼラチン（ふやかし不要タイプ）
　│ ── 小さじ 1
　│ 水 ── 大さじ 1
[ ブルーベリーソース ]
ブルーベリー（冷凍）── 30g
砂糖 ── 大さじ 1/2
レモン汁 ── 小さじ 1/2

**作り方**（20分・冷やし固める時間は除く）

**1** ゼラチンは分量の水と合わせる。

**2** ボールにマスカルポーネと砂糖 30g を入れて泡立器でよく混ぜる。A を加えてさらに混ぜる。

**3** 1の器を湯せんにかけてゼラチンを溶かし、2 に加えて混ぜる。器に入れ、冷蔵庫で1〜2時間冷やす。

**4** 耐熱容器（吹きこぼれやすいので大きめのもの）にブルーベリーソースの材料を合わせ、ラップをして電子レンジで約1分（500W）加熱する。全体を混ぜて再びラップをして約1分加熱する。さます。3 にかける。

（ 1個分　137 kcal　／　塩分　0.1 g ）

# ペコリーノ・ロマーノのアイスボックスクッキー

焼いているときの香りも楽しみのひとつ。
いろいろなチーズで試してみて。

*Pecorino Romano*

### 材料 (32個分)

| | |
|---|---|
| ペコリーノ・ロマーノ | 60g |
| バター | 60g |
| とき卵 | 1/2個分 |
| 薄力粉 | 120g |
| 粉糖 | 40g |

パルミジャーノ、エメンタール、グリュイエールなど（各同量）、さまざまなハード、セミハードチーズでも。

### 作り方 (30分・生地を休ませる時間は除く)

1. ペコリーノはすりおろす。バターは5mm角に切って冷蔵庫で冷やす。薄力粉はふるう。

2. ボールに薄力粉と粉糖を入れて混ぜ、バターを加える。カードやゴムべらでバターを切るようにつぶしながら粉となじませる。バターが細かくなったら手のひらですり合わせて全体をポロポロのそぼろ状にする。ペコリーノととき卵を加えて混ぜ、均一になったら押しつけるようにしてひとまとめにする。

3. 2を2等分し、それぞれ直径3cm、16cm長さほどのスティック状にしてラップに包む。冷凍庫で30分ほど休ませる（冷凍保存可・約2週間）。

4. それぞれ1cm厚さ（1本を16等分）に切る。クッキングシートを敷いたオーブン皿にのせ、190℃に予熱したオーブンで約15分焼く。網にとってさます。

( 全量　1,331 kcal ／ 塩分　4.8 g )

# ダブルチーズ蒸しパン

蒸したてはチェダーがとろりと溶けて美味。
エダムの香りがよく、さめてもしっとりとやさしい味です。

*Edam / Cheddar*

### 材料（直径5cmのマフィン型6個分）

- 卵 —— 1個
- きび砂糖* —— 40g
- 牛乳 —— 50ml
- エダム —— 20g
- チェダー —— 40g
- A │ 薄力粉 —— 100g
  　│ ベーキングパウダー —— 小さじ1
- サラダ油 —— 大さじ2

＊なければ砂糖（上白糖）でも。

チェダーは溶けるので、かたまりにならないよう全体にバランスよく配置する。

### 作り方（30分）

1. エダムはすりおろす。チェダーは8mm角に切る。Aは合わせてふるう。

2. ボールに卵をときほぐし、砂糖を加えて、溶けるまで泡立器で混ぜる。牛乳、エダムを加えてよく混ぜ、Aを加える。ゴムべらでさっくりと混ぜ、粉気がなくなったら油を加えて混ぜる。

3. 直径5cmほどのステンレス製のマフィン型に紙ケースを敷き、生地を等分に入れる。チェダーを均等に入れて、軽く混ぜる。

4. 蒸気のあがった蒸し器に入れ、強火で約15分蒸す。竹串で刺して、生地がついてこなければ蒸し器からとり出す。

〈蒸し器がない場合（地獄蒸し）〉
深い鍋の底にペーパータオルを敷き、**3**のマフィン型を並べる。湯を2cmほど静かにそそいで沸騰させ、ふたをして弱火で18〜20分ほど蒸す。

（1個分　187 kcal　／　塩分　0.4 g）

# グリュイエールとくるみのリボンパイ

サクッと口に入れた瞬間のグリュイエールの香ばしさがたまりません。
ワインのおつまみにもぴったり。

*Gruyère*

材料（10〜12個分）

冷凍パイシート ……… 1枚（100g）
くるみ ……… 15g
グリュイエール ……… 40g

エメンタールなどのセミハードや、パルミジャーノなどのハードタイプ（各同量）でも。

作り方（30分）

1 くるみは粗みじんに切り、170℃に予熱したオーブンで4〜5分、薄く色づくまで焼く。

2 グリュイエールは薄く切る。パイシートは室温で半解凍し、まな板に薄力粉（打ち粉・材料外）をふり、パイシートを縦3等分に切る。

3 パイシート2枚にグリュイエールとくるみを広げて、2枚を重ねる。残りのパイシートをのせてめん棒で押さえ、ひとまわり大きくなるように伸ばす。

4 3を10〜12等分のたんざく形に切る。生地をひとつずつひねり、中央を軽く押さえて、クッキングシートを敷いたオーブン皿に並べる。

5 210℃に予熱したオーブンで約12分、薄く焼き色がつくまで焼く。

パイシートは長方形や正方形など商品によってさまざま。どの場合も3等分して2枚に具をのせ、3枚を重ねて伸ばす。

（全量　670 kcal　／　塩分　0.9 g）

チーズのスイーツ

## トーストハワイ

意外にも!?ドイツやスイスでおなじみの軽食。
さっと作れるので朝食にも。

―――――――――――― Cheddar

材料（2人分）

イングリッシュマフィン*　―　1個
ハム　―　2枚（40g）
パイナップル（スライス・缶詰）　―　2枚
チェダー　―　60g
粒マスタード　―　小さじ1
トマトケチャップ　―　適量

＊小さめの食パンでも。

作り方（10分）

1　イングリッシュマフィンは2つに割り、オーブントースターで約3分焼く。それぞれ内側に粒マスタードを塗る。チェダーは薄切りにする。

2　マフィンにハム、パイナップル、チェダーの順にのせ、トースターで約5分、チェダーが溶けるまで焼く。器に盛り、好みでトマトケチャップを添える。

（ 1人分　257 kcal ／ 塩分　1.8 g ）

## あんチーズ巻き

あんことチーズのマリアージュ。
薄切りのバナナがアクセント。

―――――――――――― Brie

材料（4個分）

ブリー　―　40g　→ クリームチーズ 30g でも。濃厚になるので控えめに。
こしあん　―　40g
バナナ　―　正味 30g
レモン汁　―　小さじ 1/2
A｜かたくり粉・薄力粉　―　各大さじ2
　｜砂糖　―　小さじ1
　｜水　―　大さじ3

作り方（15分）

1　ブリーは4等分する。こしあんは4等分してペーパータオルで水気をとる。バナナは薄い輪切り8枚にし、レモン汁をかける。ペーパータオルで水気をとる。

2　Aは合わせる。

3　フライパンを弱火で温め（油はひかない）、Aの生地を大さじ1ほど入れて、約4×12cmほどのだ円形に広げる。透き通ってきたらとり出す。4枚焼く。

4　3の端にこしあん1個、ブリー1切れ、バナナ2枚を重ねておき、巻く。巻き終わりを下にする。4個作る。

（ 1個分　97 kcal ／ 塩分　0.0 g ）

# Mini Recipe 5
## チーズ × フルーツ

チーズはフルーツとも相性よし。組み合わせ次第で、
見た目もおしゃれなスイーツに変身します。

### ゴルゴンゾーラ × ドライマンゴー
ドライマンゴーは1枚を2～3等分に切る。ゴルゴンゾーラは小さくちぎり、マンゴーに塗りつけるようにしてのせる。

### フェタ × オレンジ × ミント
オレンジは皮つきのまま5mm厚さのいちょう切りにする。オレンジにフェタ、ミントをのせる。

### ヴァランセ × プルーン
プルーン1個でヴァランセをはさむように包む。

### カッテージ × マスカット
マスカットは輪切りにし、カッテージと混ぜる。

### マスカルポーネ × いちご
いちごは5mm角に切り、マスカルポーネと混ぜる。味をみて、砂糖少々を加える。

# チーズの道具と切り方

料理を作るときには、チーズを切り分けたり、すりおろしたり。カットのための道具と、基本の切り方を紹介します。

## いつもの道具で

専用のものがなくても大丈夫。料理に使うなら、ふだん使いの調理道具でも充分活用できます。

① **包丁**
大きく切り分けたいときに。刃渡りが大きく、力を入れやすい。

② **ペティナイフ／テーブルナイフ**
やわらかく、くっつきやすいチーズに。刃が小さい分、チーズが刃につきにくい。

③ **皮むき器**
ハードタイプを薄くけずるときに。刃の当て方やけずり方によってさまざまにけずれる。

④ **おろし金**
ハードタイプを粉状にしたいときに。大根おろしに使うものでOK。

⑤ **まな板**
木製、プラスチック製など手持ちのもので。乾いた状態で使う。

## こだわりアイテムで

専用の道具があれば、チーズの扱いがより手軽に。

① **チーズリナー**
チーズを入れてハンドルを回すと、細い糸状にけずれる。セミハードタイプに。

② **オメガナイフ**
刃に穴があいているので、やわらかく、くっつきやすいチーズがきれいに切れる。

③ **スライサー**
薄くけずるときに使う。

④ **ワイヤーカッター**
青カビタイプなど、ナイフで切るとくずれやすいチーズがきれいに切れる。

⑤ **グレーター**
粉状にすりおろす。商品によって形状や目の粗さが異なる。

⑥ **多面式グレーター**
粉状～糸状まで複数のおろし方が可能。用途によって使い分ける。

## 基本の切り方

### 切る

主なチーズは、外側から中心に向かって熟成する。基本的に中心から放射状に切り、なるべく外側と中心の、すべての部分が入るように切ると、熟成度のばらつきが少ない。

### けずる

皮むき器をチーズの面に当ててけずる。刃の当て方やけずり方によって、幅広にも細めにも調整できるので、料理に合わせてけずり方を変えられる。

### おろす

おろし金やグレーターでおろすときは、けがをしないように道具を安定させて置き、チーズを動かす。チーズがくだけないよう、押しつけすぎずにおろす。

## タイプ別切り分け方

基本的には、料理で使う形に合わせて切ります。そのまま味わう場合は、下記を参考に。

### 円形タイプ
（カマンベールなど）

外側から内側に向かって熟成するので、中心から放射状に切る。

### 三角形タイプ
（ブリーなど）

大きい円形のものは三角形に切り分けて売られている。この場合も、なるべく中心と外側の両方を入れる。

### 台形タイプ
（ヴァランセなど）

円形タイプと同様に、放射状に切る。ひと切れに、外皮と内側両方が入るように切る。

### 外皮があるタイプ
（タレッジョなど）

外皮も食べる場合は、ひと切れに皮と内側両方が入るように切る。

# チーズの保存方法

チーズをおいしく食べきるために、知っておきたい保存のポイント。種類に合わせて、適切に保存しましょう。

## 保存の基本ルール

どのチーズにも共通する、保存の基本。

### 乾燥を避ける

乾燥すると、味や香りが落ちてしまいます。冷蔵庫内は乾燥しやすいので、チーズの切り口をラップでていねいに包みます。くずれやすい青カビタイプなどは、アルミホイルでおさえてからラップで包むとよいでしょう。

### においを吸収させない

チーズにはいろいろな成分を吸着する性質があります。においの強い食品の近くに置くと、そのにおいを吸収してしまいます。ラップで包んだら、密閉できる保存袋または保存容器に入れ、においの強いものはなるべく近づけないようにします。

### ぬらさない

水がつくと、そこからいたむので、ぬれたまな板や包丁は使わないようにします。表面に汗をかいているのであれば、ペーパータオルなどでふきとってからラップで包みます。また、保存中にチーズから出た水分がカビの原因になることも。水分が出ていたらペーパータオルでふきとり、ラップをとり替えるとよいでしょう。

## チーズ別ポイント

チーズの種類ごとに、保存のポイントをまとめました。

### フレッシュチーズ

リコッタなど容器に入っているものは、空気にふれないように表面にラップを密着させ、さらに全体をラップで包むか保存袋に入れる。モッツァレラはつかっていた水分（ホエー）に再びつけて保存。どれも発酵が進みやすいので、開封後は早めに食べる。

### 白カビチーズ

切り口をしっかりとラップで包み、保存袋や容器で密閉して乾燥を避ける。乾燥が気になる場合は、湿らせてかたくしぼったペーパータオルを入れて湿気を補う。購入時の容器があれば、戻し入れておくと形がくずれにくい。

### 青カビチーズ

ほかの食品にカビがうつらないよう、全体をラップかアルミホイルで包み、保存袋や容器で密閉する。塩分が高く、水分が出やすいので、こまめにペーパータオルでふきとり、ラップをとり替えるとよい。

### シェーヴルチーズ

水分が多く蒸れやすいので、ペーパータオルで水分をふきとり、ラップは密着させずに、余裕をもってふんわりと包む。冷蔵庫の野菜室（4〜7℃）が適切。

### ウォッシュチーズ

においが強いので、切り口をしっかりとラップかアルミホイルで包み、保存袋や容器で密閉して乾燥とにおいうつりを防ぐ。購入時の容器があれば、戻し入れておくと形がくずれにくい。

### セミハード・ハードチーズ

乾燥しないよう、切り口をしっかりとラップで包み、保存袋や容器で密閉する。ハードチーズはとくに保存期間が長く、冷蔵庫の中でもゆるやかに熟成する。冷蔵庫の野菜室（4〜7℃）が適切。

# 22種のチーズ別さくいん

◎フレッシュ

## リコッタ

グレープフルーツのマリネ　リコッタ添え / 20
リコッタとミニトマトの冷製パスタ / 83
リコッタパンケーキ / 94

## フロマージュ・ブラン

タルトフランベ / 70

## マスカルポーネ

マスカルポーネのディップ2種 / 16
トマトとマスカルポーネのスープ / 36
ビーフシチュー　マスカルポーネ添え / 53
バジルとマスカルポーネのピザ / 80
マスカルポーネのレアチーズ / 100
マスカルポーネ×いちご / 105

## フェタ

フェタとひよこ豆のサラダ / 14
スティック・ティロピタ / 24
スモークサーモンとフェタのクミンサラダ / 25
サーモンとほうれんそう、フェタの重ね焼き / 60
フェタ×オレンジ×ミント / 105

## クリームチーズ

かぼちゃのクリームチーズサラダ / 26
クリームチーズ on じゃがいも / 30
チーズ in 手まりずし / 77
クリームチーズ×きゅうり / 90
3種のチーズのベイクドチーズケーキ / 92
クリームチーズ大福 / 97

## カッテージ

青菜のカッテージあえ / 28
ひじきのチーズあえ / 29
カッテージの冷や汁 / 41
カッテージのスコーン / 99
カッテージ×マスカット / 105

## モッツァレラ

フルーツトマトのカプレーゼ / 12
モッツァレラ on ズッキーニ / 30
牛肉とモッツァレラのスープ / 39
ローストビーフ with アリゴ / 44
チーズタッカルビ / 50
ラザニア / 68
トマトとモッツァレラのピザ / 80
オリーブ×生ハム×モッツァレラ / 90

◎白カビ

## カマンベール

チーズ入りれんこんもち / 27
ミニトマトとカマンベールのみそ汁 / 41
カマンベールのミルクみそ汁 / 42
豚ヒレと野菜とカマンベールのオーブン焼き / 48
3種のチーズフライ / 57
チーズかき揚げ / 63
3種のチーズのリゾット / 72
カマンベールの磯辺焼き / 85

## ブリー

とり肉と根菜のブリーみそグラタン / 52
ブリー×りんご / 90
あんチーズ巻き / 104

◎青カビ

## ゴルゴンゾーラ

ゴルゴンゾーラのスクランブルエッグ / 22
グリーンとりんごのサラダ ブルーチーズソース / 23
ゴルゴンゾーラ on しいたけ / 30
ブルーチーズのポタージュ / 34
ゴルゴンゾーラソースのハンバーグ / 46
ゴルゴンゾーラとかきのフライパン蒸し / 65
3種のチーズのリゾット / 72
ブルーチーズのかぼちゃペンネ / 82
ゴルゴンゾーラのキッシュ / 98
ゴルゴンゾーラ×ドライマンゴー / 105

◎シェーヴル

## クロタン・ド・シャヴィニョル

リヨネーズサラダ / 18

## ヴァランセ

なすとシェーヴルチーズのトマトパスタ / 75
ヴァランセ×プルーン / 105

◎ウォッシュ

## タレッジョ

じゃがいものチーズ焼き / 19
チキンとコーンのチャウダー / 37
えびとたこのエスカルゴ風 / 56
たらとカリフラワーのグラタン / 62
3種のチーズのリゾット / 72
タレッジョ×パプリカ×セロリ / 90

◎セミハード

## ゴーダ

さけ缶とチーズのサラダ菜巻き / 17
ゴーダ on トマト / 30
ゴーダとマッシュルームのスープ / 39
ゴーダとれんこんの牛肉包み / 49
3種のチーズフライ / 57
ゴーダの茶わん蒸し / 59
豚肉のチーズロール / 61
さばのコチュジャンチーズ煮 / 64
チーズ in 手まりずし / 77

## ラクレット

厚揚げのチーズのせ / 29
ラクレットの焼きドライカレー / 76
ラクレット / 88

◎ハード

## コンテ

コンテと雑穀のライスサラダ / 21

とり肉とコンテのパネソテー / 58
チーズフォンデュ / 86

## ミモレット

チーズかき揚げ / 63
ミモレットの焼きおにぎり / 85

## チェダー

新たまねぎのチェダーのせスープ / 38
チーズタッカルビ / 50
3種のチーズフライ / 57
豚肉のチーズロール / 61
ミニトマト×アボカド×チェダー / 90
ダブルチーズ蒸しパン / 102
トーストハワイ / 104

## エダム

3種のチーズのベイクドチーズケーキ / 92
ダブルチーズ蒸しパン / 102

## グリュイエール

オニオングラタンスープ / 32
チーズフォンデュ / 86
グリュイエールとくるみのリボンパイ / 103

## ペコリーノ・ロマーノ

いわしのソテー トマトチーズソース / 51
豚肉のチーズピカタ / 65
ニョッキ ペコリーノのレモンバターソース / 70
ペコリーノ・ロマーノのアイスボックスクッキー / 101

## パルミジャーノ・レッジャーノ

ゴーヤのチーズ炒め / 27
ねぎと米のパルミジャーノスープ / 40
チーズたっぷりトマトスープ / 42
ささみのチーズクラスト / 54
ズッキーニのカルボナーラ / 74
パルミジャーノあえそば / 84
3種のチーズのベイクドチーズケーキ / 92
ポン・デ・ケージョ / 96

< ベターホームのお料理教室 >

ベターホーム協会は 1963 年に創立。「心豊かな質の高い暮らし」をめざし、日本の家庭料理や暮らしの知恵を、生活者の視点からお伝えしています。活動の中心である「ベターホームのお料理教室」は全国で開催。毎日の食事作りに役立つ調理の知恵や、健康に暮らすための知識などを、わかりやすく教えています。

◎「世界のチーズ料理」

世界の伝統的な家庭料理からパーティーメニューまで、幅広いチーズ料理が習えます。チーズの特性をいかした調理法やほかの食材との相性を知れば、料理がグレードアップ。チーズの奥深い魅力で、おいしい世界が広がります。
【月1回（全 12 回）／5月〜 10 月の春夏コース、11月〜4月の秋冬コースがあります】

< 料理教室の問い合わせ・資料のご請求 >
料理教室のパンフレットは、お電話かホームページよりお申込みください。
TEL 03-3407-0471
http://www.betterhome.jp/

| | |
|---|---|
| 著者 | ベターホーム協会 |
| 料理制作 | 越川藤乃・沼田美和子<br>（ベターホーム協会） |
| チーズ監修 | 大塚義幸（ベターホーム協会 理事長、<br>日本輸入チーズ普及協会 前会長） |
| 撮影 | 松島 均 |
| スタイリング | 青野康子 |
| デザイン | 野本奈保子 |
| 校正 | 武藤結子<br>畠山美音（東京出版サービスセンター） |
| 編集 | 星名文絵（ベターホーム協会） |

**ベターホームのチーズ料理**
22 種のナチュラルチーズを使ったおいしいレシピ

発行日／ 2018 年9月1日

編集・発行／ベターホーム協会
〒 150-8363
東京都渋谷区渋谷 1-15-12
TEL 03-3407-0471（編集）
TEL 03-3407-4871（出版営業）
http://www.betterhome.jp/

印刷・製本　株式会社シナノ

ISBN　978-4-86586-036-8

©The Better Home Association,2018,Printed in Japan
乱丁・落丁はお取替えします。

本書の無断複製（コピー、スキャン、デジタル化等）並びに無断複製物の譲渡及び配信は、著作権法上での例外を除き禁じられています。また、本書を代行業者などの第三者に依頼して複製する行為は、たとえ個人や家庭内での利用であっても一切認められておりません。